Naviguer vers l'Épanouissement Personnel

"Voyage Vers la Réussite Personnelle : Secrets pour Libérer Votre Meilleur Soi"

Naviguer vers l'Épanouissement Personnel

"Voyage Vers la Réussite Personnelle : Secrets pour Libérer Votre Meilleur Soi"

Introduction au développement personnel Définitions et concepts de base.

Chapitre 8 : Adaptabilité et Résilience

- S'adapter au changement.
- Renforcer la résilience face aux difficultés.
- Exemples Concrets, Astuces et Outils Pratiques.

Chapitre 9 : Équilibre Vie Professionnelle-Vie Personnelle

- Trouver un équilibre entre travail et vie personnelle.
- Importance du repos et de la récupération.
- Exemples Concrets, Astuces et Outils Pratiques.

Chapitre 10 : Croissance Continue

- L'importance de l'apprentissage continu.
- Développement professionnel et personnel.
- Exemples Concrets, Astuces et Outils Pratiques.

Conclusion

Récapitulation des points clés.

Encouragements finaux.

Naviguer vers la Meilleure Version de Soi

Dans les dédales de la vie, chacun de nous entreprend un voyage intérieur, une quête constante pour comprendre, évoluer, et émerger comme la meilleure version de soi-même.

C'est dans cet esprit que ce livre, "Émergence Épanouissante", voit le jour, vous invitant à explorer les profondeurs du développement personnel.

Plongeons ensemble dans cette mer de possibilités, où la croissance personnelle devient une aventure captivante et transformatrice.

Le développement personnel, au-delà d'un simple concept, est un appel à l'action. C'est le courage de se regarder au miroir de l'âme et d'entreprendre un voyage intrépide vers une vie plus riche de sens.

Au cœur de ce périple se trouve la connaissance de soi, un phare éclairant les coins les plus sombres de notre être.

Comprendre nos valeurs, nos rêves, et nos motivations devient la première étape cruciale vers une évolution personnelle significative.

C'est également un voyage au cœur de nos émotions. Apprendre à naviguer dans le flot tumultueux de sentiments qui nous traversent quotidiennement est essentiel pour cultiver un bien-être émotionnel.

L'équilibre entre la compréhension de soi et la maîtrise de soi devient la base sur lequel construire une vie épanouissante.

Le développement personnel transcende l'individu pour s'étendre aux relations interpersonnelles. La qualité de nos liens avec les autres, qu'ils soient familiaux, amicaux, ou professionnels, influence profondément notre épanouissement.

À travers la communication authentique, l'empathie, et la construction de relations solides, nous tissons la toile complexe de notre évolution personnelle.

Pour concrétiser ces concepts, ce livre offre une palette d'outils pratiques. Des techniques de méditation pour calmer l'esprit aux exercices de journalisation pour explorer les recoins de notre pensée, chaque outil devient une invitation à l'introspection, favorisant ainsi notre croissance intérieure.

Enfin, le développement personnel s'articule autour de l'établissement d'objectifs clairs et réalisables. Ces objectifs deviennent les étoiles qui guident notre parcours.

Ils nous poussent à nous dépasser, à grandir, et à devenir des architectes conscients de notre destin.

Au fil des pages de "Émergence Épanouissante", nous explorerons ensemble ces concepts fondamentaux du développement personnel.

Nous découvrirons comment chaque aspect de notre être, de la connaissance de soi à la fixation d'objectifs, s'entrelace pour créer un tissu harmonieux d'évolution personnelle.

Chaque chapitre sera une invitation à approfondir notre compréhension de nous-mêmes, à embrasser nos défis avec résilience, et à façonner consciemment notre trajectoire vers la réalisation personnelle.

Préparez-vous à une odyssée de découverte, de transformation, et d'émergence. Que chaque page soit une étape sur le chemin vers une vie plus épanouissante et une version radieuse de vous-même.

Éclairer le Chemin Intérieur

L'Importance Profonde de la Connaissance de Soi :

La connaissance de soi va bien au-delà de la simple reconnaissance de nos goûts et dégoûts. Elle s'inscrit dans une exploration profonde des méandres de notre être, une quête constante pour comprendre nos motivations, nos réactions émotionnelles, et les forces qui sous-tendent nos actions.

Guidage des Choix et des Décisions : La connaissance de soi sert de boussole lorsqu'il s'agit de prendre des décisions significatives.

En comprenant nos valeurs fondamentales, nous pouvons éclairer nos choix, nous dirigeant vers des chemins alignés sur ce qui est authentique et significatif pour nous.

Par exemple, si l'indépendance est une valeur clé, cela pourrait influencer la décision de poursuivre une carrière entrepreneuriale plutôt qu'un emploi traditionnel.

Renforcement des Relations Interpersonnelles : Une connaissance approfondie de soi se traduit également par une meilleure compréhension des autres. En comprenant nos propres réactions émotionnelles et comportements, nous développons une empathie naturelle envers les expériences des autres. Cela crée des bases solides pour des relations interpersonnelles plus profondes et plus significatives.

Alignement sur le Chemin de l'Épanouissement : La quête de soi guide également nos efforts vers l'épanouissement personnel. Savoir ce qui nous motive réellement permet d'orienter nos actions vers des objectifs qui résonnent avec notre être authentique. Par exemple, en identifiant que la créativité est une source profonde de joie, nous pouvons façonner nos loisirs et notre carrière pour intégrer cette dimension.

Exemples Concrets : L'Importance de la Connaissance de Soi

1. Prise de Décision Éclairée :

La connaissance de soi permet de prendre des décisions éclairées.

Par exemple, une personne consciente de ses valeurs fondamentales et de ses priorités peut prendre des décisions alignées sur son bien-être à long terme.

2. Relations Interpersonnelles Épanouissantes :

Une compréhension approfondie de soi favorise des relations interpersonnelles épanouissantes. Savoir comment exprimer ses besoins, comprendre ses limites, et reconnaître ses qualités contribue à des relations plus authentiques.

3. Gestion Efficace du Stress :

La connaissance de soi aide à gérer efficacement le stress. Une personne consciente de ses déclencheurs émotionnels peut mettre en place des stratégies de gestion du stress adaptées, favorisant ainsi un bien-être émotionnel.

4. Orientation Professionnelle :

Dans le contexte professionnel, la connaissance de soi guide l'orientation de carrière.

En identifiant ses compétences naturelles, passions et valeurs, une personne peut choisir des voies professionnelles alignées sur son épanouissement.

5. Épanouissement Personnel :

L'importance de la connaissance de soi réside également dans l'épanouissement personnel. En identifiant ses passions, objectifs et valeurs, une personne peut créer une vie alignée sur son véritable moi, favorisant un sentiment de satisfaction.

6. Gestion du Temps Optimale :

Une personne consciente de sa manière naturelle de fonctionner peut optimiser sa gestion du temps. Elle peut identifier les moments où elle est la plus productive et adapter sa routine en conséquence.

7. Prévention de l'Épuisement Professionnel :

La connaissance de soi joue un rôle crucial dans la prévention de l'épuisement professionnel. En reconnaissant ses limites et en comprenant ses besoins émotionnels, une personne peut éviter les situations professionnelles nuisibles à son bien-être.

8. Objectifs Personnalisés :

La connaissance de soi guide la définition d'objectifs personnalisés. Plutôt que de suivre des aspirations externes, une personne consciente de soi choisit des objectifs qui résonnent avec sa véritable identité.

9. Résilience Face aux Défis :

Les individus ayant une connaissance approfondie d'eux-mêmes sont souvent plus résilients face aux défis. Ils comprennent leurs ressources internes et peuvent mobiliser efficacement leurs forces pour surmonter les obstacles.

En somme, l'importance de la connaissance de soi se manifeste à travers ces exemples concrets, démontrant son impact positif sur différents aspects de la vie personnelle et professionnelle.

Astuces à Suivre : L'Importance de la Connaissance de Soi

1. Pratique de la Méditation Quotidienne :

Intégrez la méditation dans votre routine quotidienne pour développer une conscience tranquille de vos pensées, émotions et sensations, renforçant ainsi la connaissance de soi.

2. Journal Introspectif Régulier :

Tenez un journal introspectif régulier. Prenez quelques minutes chaque jour pour noter vos réflexions, expériences et sentiments. Cette pratique offre une introspection quotidienne.

5. Tests de Personnalité :

Explorez des tests de personnalité pour obtenir des indices sur vos traits dominants. Les résultats peuvent servir de point de départ pour approfondir votre compréhension de vous-même.

6. Conversation Ouverte avec des Proches :

Engagez des conversations ouvertes avec des proches. Demandez à vos amis et famille comment ils vous perçoivent. Ces perspectives externes peuvent révéler des aspects de votre personnalité que vous pourriez ne pas remarquer.

7. Défi de Sortir de sa Zone de Confort :

Cherchez des défis pour sortir de votre zone de confort. Les nouvelles expériences mettent souvent en lumière des aspects de votre personnalité que vous n'auriez pas découverts autrement.

8. Feedback Constructif :

Soyez ouvert au feedback constructif. Accepter et apprendre de commentaires honnêtes, qu'ils soient positifs ou critiques, favorise une croissance personnelle continue.

9. Évaluation Régulière des Objectifs :

Effectuez une évaluation régulière de vos objectifs. Réfléchissez sur vos aspirations et ajustez vos objectifs en fonction de votre évolution personnelle. Cela maintient une adéquation constante avec vos valeurs.

10. Observation des Réactions Face aux Défis :

Observez attentivement vos réactions face aux défis. Comprendre comment vous réagissez dans des situations difficiles offre des indices précieux sur vos mécanismes émotionnels et comportementaux.

Ces astuces pratiques pour le sous-chapitre sur l'importance de la connaissance de soi fournissent des orientations concrètes pour stimuler une exploration continue de votre identité et favoriser un développement personnel significatif.

Outils Pratiques : L'Importance de la Connaissance de Soi

1. Échelle d'Auto-Évaluation Émotionnelle :

Adoptez une échelle d'auto-évaluation émotionnelle. Évaluez votre état émotionnel à différents moments. Cet outil vous permet de suivre et de comprendre vos réponses émotionnelles dans diverses situations.

2. Matrice d'Auto-Évaluation :

Créez une matrice d'auto-évaluation couvrant vos compétences, passions, valeurs et domaines d'amélioration. Cela offre une vue détaillée de votre profil personnel, servant de base à une connaissance approfondie de soi.

3. Wheel of Life :

Utilisez le "Wheel of Life" pour évaluer différentes dimensions de votre vie. Identifiez les domaines qui demandent plus d'attention, renforçant ainsi votre compréhension globale et équilibrée de vous-même.

4. Questionnaires de Valeurs :

Explorez des questionnaires de valeurs pour identifier les principes fondamentaux qui guident vos choix. Ces questionnaires structurent la réflexion sur vos croyances fondamentales et aident à comprendre l'importance de la connaissance de soi.

5. Journal de Réussites :

Tenez un journal de réussites. Rassemblez vos réalisations, grandes et petites. Ce journal devient une ressource tangible illustrant vos compétences et réalisations, contribuant ainsi à une perception positive de soi.

6. Analyse des Rêves et Aspirations :

Analysez vos rêves et aspirations à l'aide d'un outil structuré. Identifiez les motifs récurrents et les objectifs qui émergent, offrant ainsi une vision claire de vos désirs profonds.

7. Cartographie des Motivations :

Utilisez la cartographie des motivations pour explorer les facteurs qui vous stimulent. Cette visualisation aide à comprendre les sources d'inspiration et à aligner vos activités sur vos motivations intrinsèques.

8. Mind Mapping Personnel :

Créez un mind mapping personnel pour explorer les connexions entre vos expériences, valeurs et compétences. Cet outil visuel favorise une exploration approfondie des liens qui façonnent votre identité.

9. Entretiens Structurés avec Soi-même :

Conduisez des entretiens structurés avec vous-même en posant des questions détaillées sur vos expériences, passions et objectifs. Cette pratique encourage une réflexion approfondie et organisée.

10. Autoportrait Créatif :

Révélez votre identité à travers un autoportrait créatif. Utilisez différents médiums artistiques pour représenter votre personnalité, offrant ainsi un moyen expressif d'exploration de soi.

Ces outils pratiques offrent des moyens structurés et concrets pour explorer l'importance de la connaissance de soi, établissant ainsi une base solide pour le développement personnel et une vie épanouissante.

Techniques pour Explorer ses Propres Valeurs, Forces, et Faiblesses :

L'Art de la Rétrospection : Prenez le temps régulièrement de réfléchir à des moments clés de votre vie. Quelles ont été vos réactions émotionnelles ? Qu'avez-vous appris de ces expériences ? La rétrospection offre des clés pour comprendre vos valeurs profondes.

Évaluation des Forces et Faiblesses : Utilisez des questionnaires et des exercices d'auto-évaluation pour identifier vos forces et faiblesses. Cela peut être une base solide pour comprendre comment capitaliser sur vos atouts et travailler sur les aspects à améliorer.

Dialogue Intérieur Continuel : Pratiquez le dialogue intérieur. Posez-vous des questions profondes sur vos motivations, vos aspirations, et les messages que vous vous adressez. Cela permet d'explorer vos pensées de manière plus détaillée.

Exemples Concrets : Techniques pour Explorer ses Propres Valeurs, Forces et Faiblesses

1. Analyse SWOT Personnelle :

Appliquez une analyse SWOT personnelle. Identifiez vos forces (Strengths), faiblesses (Weaknesses), opportunités (Opportunities), et menaces (Threats). Cette technique stratégique facilite une compréhension approfondie de soi.

2. Échelle de Bien-Être Émotionnel :

Créez une échelle de bien-être émotionnel. Évaluez votre état émotionnel à différents moments de la journée. Cela vous permet de mieux comprendre les facteurs qui influent sur votre bien-être.

3. Questionnement Profond :

Engagez-vous dans un questionnement profond. Posez-vous des questions telles que "Quelles sont mes convictions profondes ?" ou "Quelles expériences ont le plus influencé ma vision du monde ?". Les réponses révèlent vos valeurs fondamentales.

4. Étude des Retours d'Énergie :

Identifiez les activités qui vous procurent de l'énergie positive et celles qui vous drainent. Cette observation des retours d'énergie aide à découvrir vos forces naturelles et les domaines nécessitant une attention particulière.

5. Feedback des Proches :

Sollicitez un feedback honnête de vos proches. Demandez-leur de partager ce qu'ils considèrent comme vos forces distinctives et les aspects où vous pourriez vous améliorer.

6. Jeu des Valeurs :

Créez un jeu des valeurs. Classez vos valeurs par ordre d'importance. Ce jeu interactif offre une exploration ludique de vos priorités.

7. Tableau de Vision :

Construisez un tableau de vision. Utilisez des images et des mots pour représenter vos aspirations, forces, et les valeurs que vous cherchez à incarner. Cela sert de rappel visuel quotidien.

8. Expérimentation dans des Domaines Nouveaux :

Explorez des domaines nouveaux. La mise en situation dans des environnements non familiers révèle vos forces d'adaptation et met en lumière des compétences inexplorées.

9. Analyse des Échecs Constructive :

Analysez vos échecs de manière constructive. Identifiez les leçons apprises, les faiblesses mises en évidence, et comment vous avez rebondi. Cela vous aide à comprendre vos mécanismes de résilience.

 Ces exemples concrets pour le sous-chapitre sur les techniques pour explorer ses propres valeurs, forces et faiblesses fournissent des approches pratiques pour un voyage introspectif significatif.

Astuces à Suivre : Techniques pour Explorer ses Propres Valeurs, Forces et Faiblesses

1. Réflexion Journalière :

Adoptez la réflexion journalière. Prenez quelques minutes chaque soir pour noter les moments marquants de votre journée. Identifiez les situations où vous vous sentiez fort et celles où vous avez ressenti des défis.

2. Échange de Feedback :

Échangez du feedback avec des collègues, amis ou membres de votre famille. Leurs perspectives extérieures peuvent apporter des éclairages nouveaux sur vos forces et faiblesses, offrant une vision plus complète.

3. Exercice des Valeurs Clés :

Identifiez vos valeurs clés et créez des exercices pratiques pour les intégrer dans votre vie quotidienne. Lorsque vous agissez en accord avec vos valeurs, vous renforcez vos forces naturelles.

4. Auto-Évaluation Régulière :

Effectuez une auto-évaluation régulière de vos compétences et talents. Cela vous permet de prendre conscience de vos forces dominantes et des domaines où vous pouvez vous améliorer.

5. Observation des Réactions Émotionnelles :

Observez attentivement vos réactions émotionnelles dans différentes situations. Analysez ce qui déclenche des émotions positives et négatives, vous offrant des indices sur vos valeurs et vos points sensibles.

6. Analyse des Réalisations Passées :

Analysez vos réalisations passées. Identifiez les compétences et qualités qui ont contribué à votre succès. Cela vous donne un aperçu de vos forces sous-jacentes.

7. Jeu de Cartes des Forces :

Créez un jeu de cartes des forces personnelles. Classez vos forces par ordre d'importance et révisez-les régulièrement pour rester conscient de vos atouts.

8. Défi de Sortir de sa Zone de Confort :

Cherchez des défis qui vous amènent hors de votre zone de confort. Les nouvelles expériences mettent en lumière des compétences et forces que vous pourriez ne pas avoir explorées auparavant.

9. Méditation sur les Objectifs Personnels :

Intégrez la méditation sur vos objectifs personnels. Visualisez vos forces en action pour atteindre vos objectifs, renforçant ainsi votre compréhension des compétences qui vous mèneront au succès.

Ces astuces pratiques pour le sous-chapitre sur l'exploration des valeurs, forces et faiblesses offrent des méthodes simples et efficaces pour stimuler la connaissance de soi et favoriser le développement personnel.

En conclusion, la connaissance de soi va au-delà de la simple reconnaissance de nos préférences. Elle se manifeste dans nos choix, nos relations et notre quête constante de croissance.

En embrassant cette quête avec des exemples concrets, des astuces éclairantes, et des outils pratiques, nous éclairons le chemin intérieur vers une vie véritablement épanouissante.

Vous pouvez développer une compréhension approfondie de vos valeurs, forces et faiblesses, jetant ainsi les bases d'un développement personnel significatif et équilibré.

Que ce chapitre soit une invitation à plonger dans la richesse de votre être et à émerger dans la lumière de votre connaissance de soi renouvelée.

Chapitre 2 : Fixation d'Objectifs

Sculpter l'Avenir avec Clarté et Imagination

Établir des Objectifs Clairs et Réalisables :

La fixation d'objectifs constitue un pilier essentiel du développement personnel, transformant des rêves abstraits en réalités concrètes. Ce processus va au-delà de simples déclarations de souhaits ; il implique la création délibérée d'un chemin vers l'accomplissement.

Comprendre l'importance de définir des objectifs clairs et réalisables est la première étape vers une vie guidée par l'intention.

Clarté dans la Direction : Établir des objectifs clairs offre une clarté cruciale sur la direction que nous souhaitons prendre dans la vie. Cela ressemble à la définition d'un point sur l'horizon vers lequel nous naviguons.

Par exemple, si l'objectif est d'atteindre un certain niveau de compétence professionnelle, cela guide nos choix éducatifs, nos expériences professionnelles, et nos efforts de développement personnel.

Motivation Renforcée : Des objectifs clairs agissent comme des moteurs de motivation. Lorsque nous avons une vision détaillée de ce que nous voulons accomplir, cela alimente notre engagement.

Les objectifs deviennent des sources d'énergie, propulsant notre action quotidienne.

Mesure du Progrès : La clarté des objectifs permet une évaluation précise du progrès. Des jalons spécifiques indiquent si nous nous rapprochons de notre destination.

Cela non seulement renforce notre confiance mais nous permet également d'ajuster notre trajectoire si nécessaire.

Exemples Concrets : Établir des Objectifs Clairs et Réalisables

1. Objectif de Perte de Poids :

Un exemple clair et réalisable serait de perdre 5 kilogrammes au cours des prochains deux mois en suivant un régime alimentaire équilibré et en faisant de l'exercice régulièrement.

2. Objectif d'Économie Financière :

Fixez-vous l'objectif d'économiser 10% de votre revenu mensuel en mettant en place un budget réaliste et en identifiant des domaines où vous pouvez réduire les dépenses superflues.

3. Objectif de Lecture :

Établissez l'objectif clair et réalisable de lire un livre par mois. Cela peut être accompli en consacrant une heure de lecture quotidienne à des moments spécifiques.

4. Objectif Professionnel de Développement :

Fixez-vous l'objectif de suivre une formation en ligne pour développer une compétence spécifique liée à votre carrière au cours des trois prochains mois.

5. Objectif d'Amélioration des Compétences :

Établissez un objectif clair de perfectionnement des compétences en langues étrangères, comme apprendre 10 nouveaux mots par semaine, pour améliorer vos compétences linguistiques sur l'année.

6. Objectif de Bien-Être Émotionnel :

Fixez-vous l'objectif de consacrer 15 minutes par jour à la méditation pour améliorer votre bien-être émotionnel et réduire le stress.

7. Objectif de Gestion du Temps :

Établissez l'objectif clair et réalisable d'organiser votre journée la veille, en identifiant les tâches prioritaires à accomplir pour maximiser l'efficacité.

8. Objectif d'Engagement Social :

Fixez-vous l'objectif de participer à au moins un événement social par mois pour élargir votre réseau professionnel et personnel.

9. Objectif de Vie Équilibrée :

Établissez l'objectif de passer au moins deux heures de qualité avec votre famille chaque week-end pour maintenir un équilibre entre vie professionnelle et vie personnelle.

10. Objectif de Fitness :

Fixez-vous l'objectif clair et réalisable de faire de l'exercice pendant au moins 30 minutes, trois fois par semaine, pour améliorer votre condition physique.

Ces exemples concrets démontrent comment formuler des objectifs clairs et réalisables dans différents domaines de la vie, renforçant ainsi la probabilité de succès grâce à une planification précise et atteignable.

Astuces à Suivre : Établir des Objectifs Clairs et Réalisables

1. Définir des Objectifs Spécifiques :

Précisez clairement ce que vous souhaitez accomplir. Des objectifs spécifiques offrent une direction précise, éliminant toute ambiguïté.

2. Utiliser le Critère SMART :

Appliquez le critère SMART (Spécifique, Mesurable, Atteignable, Réaliste, Temporellement défini) pour garantir la clarté et la faisabilité de chaque objectif.

3. Prioriser les Objectifs :

Hiérarchisez vos objectifs en fonction de leur importance. Cela permet de se concentrer sur ceux qui ont un impact significatif sur vos aspirations.

4. Décomposer en Étapes :

Divisez les objectifs en étapes réalisables. Cette approche facilite la gestion et offre des points d'accomplissement réguliers.

5. Fixer des Échéances Réalistes :

Établissez des délais réalistes pour chaque objectif. Des échéances claires encouragent une progression constante sans générer de pression excessive.

6. Considérer les Ressources Disponibles :

Évaluez les ressources nécessaires pour atteindre vos objectifs. Identifiez et mobilisez les moyens nécessaires pour maximiser la probabilité de réussite.

7. Adapter en Cours de Route :

Soyez flexible et prêt à ajuster vos objectifs en fonction des circonstances. L'adaptabilité est essentielle pour maintenir la pertinence de vos aspirations.

8. Éviter la Surcharge d'Objectifs :

Limitez le nombre d'objectifs poursuivis simultanément pour éviter la surcharge. Une concentration accrue augmente l'efficacité.

9. Inclure des Moments de Réflexion :

Intégrez des moments de réflexion réguliers pour évaluer vos progrès. Cela permet d'ajuster vos objectifs en fonction de l'évolution des circonstances.

10. Célébrer les Petites Victoires :

Reconnaissez et célébrez les petites victoires. Les réussites intermédiaires renforcent la motivation et maintiennent un état d'esprit positif.

En suivant ces astuces, vous développerez une approche structurée et réaliste pour établir des objectifs clairs, augmentant ainsi vos chances de succès dans divers domaines de votre vie.

Outils Pratiques pour : Établir des Objectifs Clairs et Réalisables

1. Tableau de Visualisation :

Créez un tableau de visualisation physique ou numérique où vous affichez vos objectifs de manière visuelle. Cela renforce la connexion émotionnelle et stimule la motivation.

2. Applications de Suivi des Objectifs :

Explorez des applications dédiées au suivi des objectifs. Elles offrent souvent des fonctionnalités telles que des rappels, des journaux de progrès et des statistiques pour une surveillance constante.

3. Matrice Eisenhower :

Utilisez la matrice Eisenhower pour classer vos objectifs en fonction de leur importance et de leur urgence. Cela aide à établir des priorités claires.

4. Checklists :

Créez des checklists pour chaque objectif. Les listes de tâches concrètes facilitent le suivi et offrent une satisfaction à chaque élément cochée.

5. Journal d'Objectifs :

Tenez un journal d'objectifs où vous documentez vos aspirations quotidiennes, hebdomadaires ou mensuelles. Cela offre une référence pour suivre votre progression.

6. Système de Récompenses Personnelles :

Établissez un système de récompenses personnelles pour chaque étape atteinte. Cela renforce la motivation et crée une expérience positive autour de vos objectifs.

Ces outils pratiques offrent des approches variées pour faciliter la définition, la gestion et le suivi d'objectifs clairs et réalisables, favorisant ainsi une progression constante vers la réussite.

La Puissance de la Visualisation :

Au cœur de la fixation d'objectifs réside la puissance transformative de la visualisation. C'est l'art d'imaginer vivement le succès, créant ainsi une réalité mentale avant qu'elle ne se manifeste dans le monde réel.

La visualisation va au-delà de la simple rêverie ; c'est une pratique puissante qui aligne notre mentalité sur le succès.

Renforcement de la Confiance : La visualisation répétée du succès renforce la confiance en nos capacités. En imaginant les étapes de notre réussite, nous créons une empreinte mentale qui élimine les doutes et stimule la confiance.

Activation du Subconscient : La visualisation active le pouvoir du subconscient. Lorsque nous nous immergeons dans des scénarios de réussite, notre esprit subconscient travaille à aligner nos comportements et nos actions avec cette réalité perçue.

Réduction du Stress : La visualisation de réussite aide à réduire le stress en créant une anticipation positive. Cela prépare mentalement à surmonter les obstacles et à persévérer face aux défis.

Exemples Concrets : La Puissance de la Visualisation

1. Réussite Professionnelle :

Visualisez-vous réussissant lors d'une importante présentation au travail. Imaginez les applaudissements, le sentiment de confiance et la reconnaissance de vos collègues.

2. Atteinte d'Objectifs Personnels :

Visualisez-vous atteignant un objectif personnel significatif, comme courir un marathon. Imaginez franchir la ligne d'arrivée, ressentir l'accomplissement et recevoir les éloges des spectateurs.

3. Amélioration des Relations Interpersonnelles :

Imaginez une interaction sociale réussie. Visualisez-vous engagé dans une conversation positive, établissant des liens et créant des relations saines avec les autres.

4. Gestion du Stress :

Visualisez-vous gérant efficacement une situation stressante. Imaginez-vous calme, collecté et capable de résoudre les problèmes avec facilité.

5. Santé et Bien-Être :

Visualisez-vous en pleine santé. Imaginez-vous avec une énergie abondante, une vitalité éclatante et une excellente condition physique.

6. Réussite Académique :

Visualisez-vous réussissant un examen académique important. Imaginez-vous répondant aux questions avec confiance et obtenant des résultats exceptionnels.

7. Créativité et Innovation :

Visualisez-vous générant des idées créatives. Imaginez-vous dans un état d'esprit propice à l'innovation, résolvant des problèmes avec originalité.

8. Équilibre Vie Professionnelle-Vie Personnelle :

Visualisez-vous atteignant un équilibre parfait entre vie professionnelle et vie personnelle. Imaginez-vous gérant avec succès vos responsabilités professionnelles tout en profitant pleinement de votre temps libre.

9. Confiance en Soi :

Visualisez-vous avec une confiance inébranlable. Imaginez-vous surmontant les doutes, exprimant vos idées avec assurance et inspirant les autres.

10. Développement Personnel :

Visualisez-vous progressant dans votre développement personnel. Imaginez-vous sur la voie de l'amélioration constante, surmontant les obstacles et évoluant vers la meilleure version de vous-même.

Ces exemples concrets illustrent comment la visualisation peut être une technique puissante pour influencer positivement divers aspects de votre vie, renforçant votre motivation et facilitant la réalisation de vos aspirations.

Astuces à Suivre : La Puissance de la Visualisation

1. Créer un Rituel de Visualisation :

Intégrez la visualisation dans votre routine quotidienne en créant un rituel dédié. Choisissez un moment calme où vous pouvez vous concentrer pleinement sur vos images mentales.

2. Utiliser Tous les Sens :

Engagez tous vos sens lors de la visualisation. Imaginez non seulement ce que vous voyez, mais aussi ce que vous ressentez, entendez, goûtez et sentez. Cela renforce l'impact de la visualisation.

3. Visualiser des Détails Spécifiques :

Concentrez-vous sur des détails spécifiques lors de la visualisation. Plus les images sont détaillées, plus elles sont mémorables et persuasives.

4. Incorporer des Émotions Positives :

Associez des émotions positives à vos visualisations. Ressentez la joie, la confiance et le succès pendant que vous imaginez vos objectifs réalisés.

5. Répéter Consécutivement :

Pratiquez la visualisation de manière régulière et consécutive. La répétition fréquente renforce les connexions neuronales, renforçant ainsi l'efficacité de la visualisation.

6. Utiliser la Visualisation Guidée :

Suivez des sessions de visualisation guidée. Des guides audio ou vidéo peuvent vous aider à vous concentrer sur des scénarios spécifiques, facilitant la création d'images mentales.

7. Visualiser des Obstacles Surmontés :

Imaginez-vous surmontant les obstacles. Visualisez-vous faisant face aux défis avec succès, renforçant ainsi votre résilience mentale.

8. Créer un Tableau de Visualisation :

Construisez un tableau de visualisation physique en collant des images représentant vos objectifs. Placez-le dans un endroit visible pour une motivation quotidienne.

9. Explorer la Visualisation Créative :

Adoptez la visualisation créative en imaginant des scénarios fantastiques et optimistes. Cette approche stimule la créativité et élargit les horizons de vos aspirations.

10. Cultiver la Patience :

Soyez patient dans votre pratique de la visualisation. Les résultats peuvent prendre du temps, alors cultivez la patience et restez engagé dans le processus.

En suivant ces astuces, vous optimiserez la puissance de la visualisation, créant ainsi une force motrice pour atteindre vos objectifs et transformer vos rêves en réalité.

Outils Pratiques : La Puissance de la Visualisation

1. Applications de Méditation Guidée :

Utilisez des applications de méditation guidée qui intègrent des exercices de visualisation. Elles fournissent des séances structurées pour vous guider à travers des images mentales positives.

2. Livres sur la Visualisation :

Explorez des livres dédiés à la visualisation. Certains auteurs spécialisés offrent des conseils détaillés et des exercices pratiques pour maîtriser cette technique.

3. Guides Audio de Visualisation :

Trouvez des guides audio spécifiques à la visualisation. Ces enregistrements peuvent être écoutés lors de moments de détente, facilitant une immersion complète dans l'expérience visuelle.

4. Applications de Tableau de Vision Virtuel :

Utilisez des applications de tableau de vision virtuel où vous pouvez créer et personnaliser des tableaux de visualisation numériques, rassemblant des images qui représentent vos objectifs.

5. Mind Mapping pour la Visualisation :

Adoptez le mind mapping pour structurer vos visualisations. Cette méthode vous permet d'organiser les éléments clés de vos images mentales de manière logique.

6. Séances de Visualisation Guidée en Groupe :

Participez à des séances de visualisation guidée en groupe. Des instructeurs expérimentés peuvent créer un environnement propice à une visualisation collective bénéfique.

7. Podcasts de Visualisation Positive :

Écoutez des podcasts centrés sur la visualisation positive. Certains épisodes offrent des conseils pratiques et des histoires inspirantes liées à la puissance de la visualisation.

8. Tableau de Vision Physique :

Créez un tableau de vision physique en utilisant des coupures de magazines ou des images imprimées. Placez-le dans un endroit visible pour un rappel quotidien de vos objectifs.

9. Ateliers de Visualisation :

Participez à des ateliers de visualisation animés par des experts. Ces sessions offrent des conseils personnalisés et des exercices pratiques pour améliorer vos compétences de visualisation.

10. Applications de Feedback Visuel :

Explorez des applications offrant un feedback visuel lors de la visualisation. Certaines utilisent des graphiques ou des représentations visuelles pour renforcer l'impact de la pratique.

En utilisant ces outils pratiques, vous pouvez intégrer la visualisation de manière systématique dans votre quotidien, maximisant ainsi les avantages de cette puissante technique pour atteindre vos objectifs.

En conclusion, le chapitre sur la fixation d'objectifs explore la transformation des aspirations en réalités tangibles. Établir des objectifs clairs et utilisant la visualisation comme outil puissant, nous sculptons l'avenir avec intention et créativité. Que ces concepts, enrichis d'exemples concrets, d'astuces éclairantes et d'outils pratiques, soient votre guide vers une vie imprégnée de clarté et de succès. Que chaque objectif fixé et chaque image visualisée soient les briques de la réalité que vous construisez avec détermination et imagination.

Le Duo Dynamique de la Réalisation Personnelle

Comprendre la Motivation :

La motivation est le moteur qui propulse nos actions vers la réalisation de nos objectifs. Pour comprendre la motivation, il est essentiel de plonger dans les rouages complexes qui alimentent notre désir de progresser. Elle peut émerger de sources diverses, de la passion personnelle à la recherche d'un objectif significatif.

Identification des Leviers Motivationnels : Comprendre ce qui nous motive nécessite une exploration introspective. Identifiez vos passions, vos valeurs, et les domaines de vie qui suscitent un enthousiasme particulier. Par exemple, si la créativité est une source de passion, canalisez cette énergie dans des projets innovants.

Alignement sur des Objectifs Significatifs : La motivation est renforcée lorsque nos objectifs sont profondément alignés sur nos valeurs. Si, par exemple, la compassion est une valeur clé, travailler pour des causes humanitaires peut être une source puissante de motivation.

Cultiver une Mentalité de Croissance : La croyance en notre capacité à apprendre et à nous améliorer constamment est un moteur intrinsèque de motivation. Cultivez une mentalité de croissance qui voit les défis comme des opportunités d'apprentissage plutôt que des obstacles.

Exemples Concrets : Comprendre la Motivation

1. Réussite Financière :

Imaginez une personne motivée par la réussite financière. Cette personne économise régulièrement, investit judicieusement, et trouve la motivation dans la perspective d'une sécurité financière future.

2. Réussite Académique :

Visualisez un étudiant motivé par la réussite académique. Cet étudiant suit un programme d'études structuré, participe activement en classe, et trouve la motivation dans le désir d'acquérir des connaissances approfondies.

3. Atteinte de Fitness Optimal :

Imaginez une personne motivée à atteindre un niveau de fitness optimal. Cette personne suit un plan d'entraînement régulier, adopte une alimentation saine, et trouve la motivation dans le bien-être physique et mental associé à la condition physique.

4. Épanouissement Personnel :

Visualisez une personne cherchant l'épanouissement personnel. Cette personne explore constamment de nouvelles expériences, apprend de nouvelles compétences, et trouve la motivation dans la croissance continue.

5. Leadership Inspirant :

Imaginez un leader motivé par l'inspiration. Ce leader motive son équipe en communiquant une vision claire, démontrant la passion pour les objectifs communs, et trouvant la motivation dans la réussite collective.

6. Créativité et Innovation :

Visualisez une personne motivée par la créativité et l'innovation. Cette personne recherche constamment de nouvelles idées, expérimente des approches novatrices, et trouve la motivation dans la création d'œuvres originales.

7. Réussite Familiale :

Imaginez un parent motivé par la réussite familiale. Ce parent crée un environnement positif, s'engage activement dans la vie de famille, et trouve la motivation dans le bonheur et la réussite de ses proches.

8. Contribuer à la Communauté :

Visualisez une personne motivée à contribuer à sa communauté. Cette personne s'implique bénévolement, participe à des projets sociaux, et trouve la motivation dans la création d'un impact positif au niveau local.

9. Reconnaissance Professionnelle :

Imaginez un professionnel motivé par la reconnaissance. Ce professionnel se distingue par son travail acharné, recherche des opportunités de croissance, et trouve la motivation dans les accomplissements professionnels et la reconnaissance de ses pairs.

10. Aide aux Autres :

Visualisez une personne motivée par l'aide aux autres. Cette personne consacre du temps à des œuvres caritatives, s'implique dans des actions humanitaires, et trouve la motivation dans la contribution au bien-être d'autrui.

Ces exemples concrets illustrent la diversité des sources de motivation et comment elles peuvent influencer positivement différentes facettes de la vie quotidienne.

Astuces à Suivre : Comprendre la Motivation

1. Identification des Passions :

Identifiez vos passions et centres d'intérêt. La motivation est souvent intrinsèquement liée à ce qui vous passionne, alors explorez et découvrez ce qui vous enthousiasme.

2. Établissement d'Objectifs Significatifs :

Fixez des objectifs qui ont une signification personnelle. Des objectifs significatifs génèrent une motivation intrinsèque plus forte que des objectifs superficiels.

3. Visualisation des Récompenses :

Visualisez les récompenses liées à la réalisation de vos objectifs. L'imagerie positive renforce la motivation en connectant mentalement l'effort investi aux bénéfices à venir.

4. Décomposition des Objectifs en Étapes :

Divisez vos grands objectifs en étapes plus petites et atteignables. Cela crée des opportunités fréquentes de célébrer des succès partiels, maintenant ainsi la motivation à un niveau constant.

5. Entourage Positif :

Entourez-vous de personnes positives. L'influence sociale joue un rôle majeur dans la motivation. Des relations positives renforcent votre énergie et votre détermination.

6. Évitement des Comparaisons Négatives :

Évitez les comparaisons négatives avec autrui. Chacun a son propre parcours. Concentrez-vous sur votre progression personnelle plutôt que sur la comparaison avec les autres.

7. Célébration des Victoires :

Célébrez vos victoires, même les petites. La célébration crée une association positive avec l'effort investi, stimulant ainsi la motivation pour de futurs accomplissements.

8. Adaptation aux Échecs :

Apprenez à vous adapter aux échecs. La motivation peut souvent diminuer après un revers. Cependant, une mentalité résiliente favorise la récupération et la réorientation.

9. Engagement envers la Croissance Personnelle :

Adoptez un engagement envers la croissance personnelle continue. La motivation est alimentée par le désir d'apprendre, de s'améliorer et de progresser constamment.

10. Rappel des Objectifs Fréquent :

Rappelez-vous fréquemment vos objectifs. Utilisez des rappels visuels ou des affirmations pour maintenir la connexion avec vos aspirations, stimulant ainsi la motivation quotidienne.

En suivant ces astuces, vous pouvez mieux comprendre et canaliser votre motivation, vous rapprochant ainsi de vos objectifs avec détermination et constance.

Outils Pratiques : Comprendre la Motivation

1. Journal de Gratitude :

Tenez un journal de gratitude où vous consignez régulièrement les aspects positifs de votre vie. Focaliser sur la gratitude renforce la motivation en soulignant les bénédictions présentes.

2. Tests de Personnalité :

Effectuez des tests de personnalité approfondis. Ces tests, tels que le MyersBriggs, peuvent aider à identifier des traits de personnalité qui sont étroitement liés à vos sources de motivation.

3. Réseaux Sociaux Inspirants :

Suivez des comptes sur les réseaux sociaux qui partagent des histoires inspirantes et des conseils de motivation. Un feed positif peut renforcer la motivation quotidienne.

4. Lettre d'Objectifs Personnels :

Rédigez une lettre à vous-même décrivant vos objectifs personnels et pourquoi ils sont importants. Relire cette lettre régulièrement vous connecte émotionnellement à vos aspirations.

5. Tableau des Récompenses :

Créez un tableau des récompenses où vous pouvez inscrire les récompenses liées à la réalisation de vos objectifs. Ceci peut servir de rappel visuel des bénéfices à venir.

En utilisant ces outils pratiques, vous pouvez approfondir votre compréhension de la motivation personnelle et développer des stratégies pour renforcer et maintenir votre motivation au fil du temps.

Techniques pour Maintenir la Discipline :

La discipline, compagne indispensable de la motivation, représente la force intérieure qui nous permet de rester sur la voie de nos objectifs même lorsque la route devient difficile. Comprendre et maintenir la discipline nécessite la mise en œuvre de stratégies pratiques.

Établissement de Routine : La discipline prospère dans la structure. Établissez une routine quotidienne qui intègre des plages horaires dédiées à la réalisation de vos objectifs. La régularité crée des habitudes solides.

Fixation de Priorités : La discipline implique parfois de dire "non" à des distractions temporaires pour dire "oui" à des objectifs à long terme. Identifiez vos priorités essentielles et orientez vos efforts en conséquence.

Gestion du Temps Efficace : La discipline se nourrit d'une gestion du temps judicieuse. Utilisez des outils tels que des planificateurs ou des applications de gestion du temps pour maximiser votre efficacité.

Exemples Concrets : Techniques pour Maintenir la Discipline

1. Routine Matinale Structurée :

Imaginez une personne qui maintient la discipline grâce à une routine matinale structurée. Cette personne se lève tôt, médite, fait de l'exercice, et entame la journée avec des tâches prioritaires.

2. Planification Quotidienne :

Visualisez un professionnel qui maintient la discipline grâce à une planification quotidienne détaillée. Chaque jour, il élabore une liste de tâches, fixe des horaires spécifiques pour chaque activité, et suit rigoureusement son emploi du temps.

3. Journal de Productivité :

Pensez à une personne qui maintient la discipline à l'aide d'un journal de productivité. Chaque jour, elle consigne ses objectifs, suit ses progrès, et réfléchit sur les actions à améliorer pour optimiser son efficacité.

4. Engagement envers des Échéances :

Visualisez un étudiant qui maintient la discipline en s'engageant fermement envers des échéances. Il divise les projets en étapes gérables, fixe des délais intermédiaires, et respecte consciencieusement chaque date limite.

5. Récompenses et Pénalités :

Imaginez une personne qui maintient la discipline en utilisant un système de récompenses et de pénalités. Elle s'accorde des récompenses pour les tâches accomplies à temps et établit des conséquences pour les retards, créant ainsi une incitation forte à la discipline.

6. Techniques de Gestion du Temps :

Pensez à un professionnel qui maintient la discipline grâce à des techniques de gestion du temps. Il utilise la méthode Pomodoro, bloque les distractions, et alloue des plages horaires dédiées à des tâches spécifiques.

7. Auto-Évaluation Régulière :

Visualisez une personne qui maintient la discipline en s'auto-évaluant régulièrement. Elle réfléchit à sa productivité quotidienne, identifie les zones d'amélioration, et ajuste continuellement son approche pour rester disciplinée.

8. Planification de la Semaine :

Imaginez un entrepreneur qui maintient la discipline en planifiant sa semaine à l'avance. Il fixe des objectifs hebdomadaires, distribue les tâches sur les jours de la semaine, et suit attentivement son plan pour atteindre ses résultats prévus.

9. Liste de Contrôle Quotidienne :

Pensez à une mère de famille qui maintient la discipline à l'aide d'une liste de contrôle quotidienne. Elle organise les tâches ménagères, les devoirs des enfants, et autres responsabilités, veillant à ce que chaque élément soit accompli à temps.

10. Engagement envers des Rituels de Fin de Journée :

Visualisez une personne qui maintient la discipline grâce à des rituels de fin de journée. Elle clôture chaque journée en réfléchissant sur ses réalisations, en planifiant le lendemain, et en se préparant mentalement pour une nouvelle journée disciplinée.

Ces exemples concrets illustrent diverses techniques efficaces pour maintenir la discipline dans différentes sphères de la vie quotidienne.

Astuces à Suivre : Techniques pour Maintenir la Discipline

1. Définir des Objectifs Clairs :

Établissez des objectifs clairs et spécifiques. La clarté des objectifs facilite la création de plans d'action précis, renforçant ainsi la discipline pour les atteindre.

2. Prioriser les Tâches :

Apprenez à prioriser vos tâches. Concentrez-vous sur l'accomplissement des activités les plus importantes et urgentes, évitant ainsi la dispersion d'énergie sur des actions moins cruciales.

3. Routine Structurée :

Adoptez une routine structurée. Une routine bien établie offre un cadre temporel cohérent, facilitant la discipline quotidienne.

4. Éviter les Distractions :

Identifiez et éliminez les sources de distraction. La discipline est renforcée en minimisant les interruptions externes pendant le travail ou la réalisation des objectifs.

5. Échéances Intermédiaires :

Divisez vos projets en échéances intermédiaires. Cela crée des étapes mesurables pour suivre les progrès, maintenant ainsi la discipline au fil du temps.

6. Auto contrôle :

Développez l'auto contrôle. Apprenez à vous retenir des gratifications immédiates au profit d'objectifs à long terme, renforçant ainsi la discipline personnelle.

7. Planification Avancée :

Planifiez à l'avance. Anticipez les défis potentiels et planifiez des stratégies pour les surmonter, renforçant ainsi la discipline face à l'adversité.

8. Gestion du Temps :

Maîtrisez la gestion du temps. Utilisez des techniques de planification et de gestion du temps pour optimiser votre productivité, maintenant ainsi la discipline dans vos activités quotidiennes.

9. Engagement envers Soi-Même :

Cultivez un engagement envers vous-même. La discipline est renforcée lorsque vous êtes fidèle à vos engagements personnels, créant ainsi une confiance accrue.

10. Récompenses Réfléchies :

Définissez des récompenses réfléchies. Utilisez des récompenses pour célébrer les succès, renforçant positivement la discipline à travers un système de motivation.

En suivant ces astuces, vous pouvez développer des habitudes et des stratégies qui favorisent la discipline, facilitant ainsi l'accomplissement régulier de vos objectifs.

Outils Pratiques pour : Techniques pour Maintenir la Discipline

1. Applications de Gestion du Temps :

Utilisez des applications de gestion du temps. Ces outils aident à planifier, organiser et suivre vos tâches, renforçant la discipline dans la gestion de votre emploi du temps.

2. Techniques de Pomodoro :

Adoptez les techniques de Pomodoro. Utilisez des minuteries pour travailler intensément pendant une période déterminée, suivie d'une courte pause.

Cette méthode favorise la discipline en encourageant la concentration sur des missions spécifiques.

3. Journal personnalisé :

Créez un journal personnalisé. Organisez vos tâches quotidiennes, hebdomadaires et mensuelles de manière structurée. Un bullet journal offre une vue claire des engagements, stimulant la discipline pour respecter les échéances.

4. Mindfulness et Méditation :

Pratiquez la pleine conscience et la méditation. Ces outils favorisent une mentalité disciplinée en renforçant la concentration, la résilience et la maîtrise de soi.

5. Tableau de Bord de Productivité :

Élaborez un tableau de bord de productivité. Utilisez des graphiques visuels pour suivre vos progrès. Un tableau de bord crée une incitation visuelle à maintenir la discipline.

6. Contrôle Parental sur les Appareils :

Appliquez des contrôles parentaux sur vos appareils. Limitez l'accès aux distractions en ligne pendant les périodes de travail, favorisant ainsi la discipline.

7. Programmation de Notifications :

Programmez des notifications pour rappeler des tâches importantes. Les rappels réguliers aident à maintenir la discipline en évitant l'oubli de responsabilités.

8. Journal de Bord :

Tenez un journal de bord quotidien. Réfléchissez sur vos activités quotidiennes, notez les succès et les défis rencontrés, favorisant ainsi la discipline par la réflexion personnelle.

9. Analyse de Données Personnelles :

Utilisez des applications qui analysent vos données personnelles. Cela vous permet de comprendre vos habitudes et de mettre en place des ajustements pour maintenir la discipline.

10. Engagement en Ligne :

Impliquez-vous dans des communautés en ligne. Partager vos objectifs avec d'autres personnes crée un sentiment d'obligation sociale, renforçant la discipline par la responsabilité mutuelle.

En intégrant ces outils pratiques dans votre quotidien, vous pouvez renforcer votre discipline, augmenter votre productivité, et atteindre vos objectifs de manière plus cohérente.

En conclusion, le chapitre sur la motivation et la discipline explore le dynamisme essentiel pour la réalisation personnelle. Comprendre la motivation offre une boussole émotionnelle, tandis que la discipline représente la force constante qui guide nos actions. Que ces concepts, enrichis d'exemples concrets, d'astuces éclairantes et d'outils pratiques, soient votre guide pour entretenir le feu de la motivation et sculpter la discipline qui mène à la réussite personnelle. Que chaque jour soit une expression de votre motivation intérieure et de votre discipline délibérée.

Harmoniser l'Horloge et l'Ambition

Stratégies pour Maximiser l'Efficacité :

La gestion du temps est la clé d'une vie équilibrée et accomplie. Maximiser l'efficacité nécessite l'adoption de stratégies intelligentes qui optimisent chaque moment précieux.

Priorisation des Tâches : Identifiez les tâches cruciales et allouez-leur une priorité élevée. La règle des 4 D (Faire, Déléguer, Reporter, Éliminer) peut être un guide utile pour classifier les tâches en fonction de leur importance.

Techniques de Pomodoro : La méthode Pomodoro consiste à travailler intensément pendant une période déterminée (généralement 25 minutes) suivie d'une courte pause. Cette approche fractionne le temps en segments gérables, améliorant la concentration.

Regroupement des Tâches Similaires : Évitez la dispersion d'énergie en regroupant des tâches similaires. Cela réduit les transitions mentales entre les types de travaux, augmentant ainsi l'efficacité globale.

Exemples Concrets : Stratégies pour Maximiser l'Efficacité

1. Automatisation des Processus :

Imaginez un entrepreneur automatisant les tâches répétitives de son entreprise. L'utilisation d'outils d'automatisation libère du temps et maximise l'efficacité opérationnelle.

2. Formation Continue :

Visualisez un professionnel investissant dans sa formation continue. En acquérant de nouvelles compétences, il devient plus efficace dans ses responsabilités, augmentant ainsi sa valeur ajoutée.

3. Utilisation de Modèles :

Pensez à un designer utilisant des modèles pour ses projets. L'utilisation de modèles standardise les processus créatifs, accélérant la production et maximisant l'efficacité.

4. Collaboration Virtuelle :

Imaginez une équipe utilisant des outils de collaboration virtuelle. La communication instantanée et le partage de fichiers facilitent la collaboration, accélérant les projets collectifs.

5. Gestion de Projet Agile :

Visualisez une équipe de développement adoptant la gestion de projet Agile. Les méthodes itératives permettent des ajustements rapides, maximisant l'efficacité tout au long du cycle de développement.

6. Planification Stratégique :

Pensez à un gestionnaire effectuant une planification stratégique régulière. Cette approche assure une utilisation optimale des ressources, maximisant ainsi l'efficacité organisationnelle.

7. Externalisation Sélective :

Imaginez un entrepreneur externalisant des tâches non essentielles. Cette stratégie permet de se concentrer sur les compétences clés, maximisant ainsi l'efficacité opérationnelle.

8. Utilisation de Technologies de Pointe :

Visualisez un chercheur utilisant des technologies de pointe. L'utilisation d'outils de pointe accélère les découvertes et maximise l'efficacité dans la recherche scientifique.

9. Programmation de Réunions Éclair :

Pensez à une équipe instaurant des réunions éclair. Des réunions courtes et ciblées évitent la perte de temps, maximisant l'efficacité des échanges d'information.

10. Gestion Agile des Ressources Humaines :

Imaginez un responsable des ressources humaines adoptant la gestion agile des RH. Cette approche s'adapte rapidement aux changements organisationnels, maximisant l'efficacité des processus RH.

Ces exemples concrétisent des stratégies variées pour maximiser l'efficacité dans différents contextes professionnels, démontrant l'importance de l'innovation et de l'adaptation continue.

Astuces à Suivre : Stratégies pour Maximiser l'Efficacité

1. Établir des Objectifs Clairs :

Fixez des objectifs clairs et spécifiques. La clarté des objectifs facilite la planification et permet une concentration optimale sur les tâches à accomplir.

2. Prioriser les Tâches :

Utilisez une approche basée sur la priorité. Identifiez les tâches les plus importantes et concentrez-vous sur celles qui contribuent le plus à vos objectifs.

3. Segmenter les Projets :

Divisez les grands projets en tâches plus petites et gérables. Cette stratégie rend les projets moins intimidants et facilite la progression constante.

4. Techniques de Gestion du Temps :

Adoptez des techniques de gestion du temps telles que la méthode Pomodoro. Travailler par intervalles avec des pauses préétablies maximise la concentration et l'efficacité.

5. Éliminer les Distractions :

Identifiez et éliminez les sources de distraction. Créez un environnement de travail propice à la concentration en minimisant les interruptions.

6. Automatisation des Tâches :

Explorez l'automatisation des tâches répétitives. L'utilisation d'outils automatisés libère du temps pour se concentrer sur des activités plus créatives et stratégiques.

7. Révision Régulière :

Planifiez des révisions régulières de vos méthodes de travail. Identifiez ce qui fonctionne bien et ajustez votre approche pour maximiser l'efficacité.

8. Collaboration Virtuelle :

Adoptez des outils de collaboration virtuelle. La communication instantanée et le partage de fichiers facilitent la coopération, maximisant l'efficacité dans les projets d'équipe.

9. Feedback et Ajustements :

Soyez ouvert au feedback. Recueillez des commentaires sur vos méthodes de travail, ajustez-les en conséquence, et cultivez une approche toujours améliorée.

En intégrant ces astuces dans votre routine professionnelle, vous pouvez optimiser vos stratégies pour maximiser l'efficacité et atteindre vos objectifs de manière plus efficiente.

Outils Pratiques : Stratégies pour Maximiser l'Efficacité

1. Tableaux Kanban :

Adoptez des tableaux Kanban physiques ou virtuels. Organisez visuellement les étapes des projets, permettant une gestion claire des tâches et une optimisation des flux de travail.

2. Applications de Rappels :

Intégrez des applications de rappels. Ces outils vous aident à suivre les échéances, à établir des priorités, et à maximiser l'efficacité dans la gestion quotidienne des tâches.

3. Plateformes de Collaboration en Ligne :

Utilisez des plateformes de collaboration en ligne. Ces outils simplifient la communication, favorisent la collaboration instantanée, et accélèrent la prise de décision.

4. Outils d'Automatisation du Travail :

Explorez des outils d'automatisation du travail. Ces plateformes facilitent l'intégration de différentes applications, automatisant ainsi les flux de travail et maximisant l'efficacité.

5. Tableaux Blancs Interactifs :

Intégrez des tableaux blancs interactifs. Ces outils sont idéaux pour les sessions de brainstorming, permettant une collaboration dynamique et maximisant la créativité de l'équipe.

6. Logiciels de Modélisation :

Utilisez des logiciels de modélisation. Ces outils simplifient la création de diagrammes et de schémas, optimisant la communication des idées et maximisant la compréhension.

7. Systèmes de Gestion des Connaissances :

Mettez en place des systèmes de gestion des connaissances tels que Confluence ou SharePoint. Ces plateformes facilitent le partage d'informations, maximisant l'efficacité dans la transmission des connaissances au sein de l'organisation.

8. Systèmes de Retour d'Information :

Intégrez des systèmes de retour d'information. Ces outils permettent de recueillir rapidement des commentaires, facilitant ainsi l'ajustement continu des stratégies pour maximiser l'efficacité.

En utilisant ces outils pratiques, vous pouvez optimiser vos méthodes de travail, favorisant ainsi une maximisation de l'efficacité dans la gestion de projets et de tâches au sein de votre environnement professionnel.

Éliminer la Procrastination :

La procrastination peut être un obstacle majeur à la gestion efficace du temps. Éliminer la procrastination nécessite une compréhension approfondie des causes sous-jacentes et l'adoption de stratégies spécifiques.

Analyse des Causes : Identifiez les causes sous-jacentes de la procrastination. Cela peut inclure la peur de l'échec, le manque de clarté sur les étapes à suivre, ou le manque d'intérêt. En comprenant ces facteurs, vous pouvez élaborer des stratégies adaptées.

Décomposition des Tâches : Divisez des tâches complexes en étapes plus petites et gérables. Cela rend chaque étape moins intimidante et réduit la propension à procrastinée.

Utilisation de Techniques Anti-Procrastination : Des techniques telles que la règle des deux minutes (si une tâche prend moins de deux minutes, faites-la immédiatement) peuvent contrer la procrastination en favorisant l'action immédiate.

Exemples Concrets : Éliminer la Procrastination

1. Listes de Contrôle Quotidiennes :

Visualisez un professionnel utilisant des listes de contrôle quotidiennes. En planifiant ses tâches de manière structurée, il minimise l'impact de la procrastination en se focalisant sur des objectifs concrets.

2. Décomposition des Tâches :

Pensez à un entrepreneur décomposant de grands projets en étapes plus petites. En abordant des tâches plus gérables, il élimine la procrastination en rendant les objectifs plus accessibles.

3. Applications de Gestion du Temps :

Imaginez un freelance utilisant des applications de gestion du temps. En suivant ses activités, il prend conscience de ses habitudes atermoies et peut ainsi les rectifier pour améliorer sa productivité.

4. Technologie Anti-Procrastination :

Pensez à un professionnel utilisant des applications anti-procrastination qui bloquent temporairement l'accès aux sites distrayants. Ces outils l'aident à rester concentré sur ses tâches prioritaires.

5. Routine Matinale Structurée :

Imaginez un entrepreneur instaurant une routine matinale structurée. En commençant la journée par des activités productives, il minimise les opportunités de procrastination.

6. Partenariat de Responsabilisation :

Visualisez deux collègues établissant un partenariat de responsabilisation. En se tenant mutuellement responsables de leurs tâches, ils réduisent la procrastination en renforçant l'engagement envers leurs objectifs.

7. Gestion des Distractions :

Imaginez un professionnel gérant activement ses distractions. En identifiant et en éliminant les sources de perturbation, il élimine la procrastination en créant un environnement propice à la concentration.

Ces exemples illustrent diverses stratégies pour éliminer la procrastination dans des contextes variés, démontrant l'efficacité de méthodes spécifiques pour surmonter ce défi commun.

Astuces à Suivre : Éliminer la Procrastination

1. Planification Préalable :

Commencez par une planification préalable. Définissez des objectifs clairs et établissez des échéances réalistes pour chaque tâche. La planification réduit l'incertitude et la procrastination.

2. Priorisation des Tâches :

Identifiez les tâches les plus importantes et prioritaires. En concentrant vos efforts sur l'essentiel, vous réduirez l'impact de la procrastination sur les aspects cruciaux de votre travail.

3. Décomposition des Projets :

Divisez les projets en étapes plus petites et plus gérables. Cela rend chaque étape moins intimidante et facilite le démarrage, éliminant ainsi la procrastination associée à des tâches volumineuses.

En suivant ces astuces, vous pouvez développer des habitudes pour contrer la procrastination et améliorer votre productivité au travail.

Outils Pratiques : Éliminer la Procrastination

1. Blocage de Sites Distrayants :

Utilisez des extensions de navigateur ou des applications dédiées pour bloquer temporairement l'accès à des sites distrayants pendant les périodes de travail.

3. Planificateurs de Tâches :

Utilisez des planificateurs de tâches pour établir des listes structurées, vous aidant à prioriser et à suivre vos activités quotidiennes.

4. Applications Anti-Procrastination :

Explorez des applications conçues pour lutter contre la procrastination, qui utilisent des techniques de concentration et de récompense.

5. Notifications de Rappel :

Configurez des notifications de rappel sur votre téléphone ou ordinateur pour vous alerter des tâches à accomplir, évitant ainsi la procrastination par oubli.

6. Analyseur de Distractions :

Adoptez des analyseurs de distractions qui identifient les sources de perte de temps sur votre appareil, vous permettant de les éliminer.

7. Organiseurs de Projets :

Intégrez des organisateurs de projets pour gérer les projets de manière collaborative, évitant ainsi la procrastination due à un manque de clarté.

En incorporant ces outils pratiques dans votre routine, vous pouvez créer un environnement de travail propice à la productivité et minimiser les opportunités de procrastination.

En conclusion, le chapitre sur la gestion du temps explore des stratégies pour maximiser l'efficacité et éliminer la procrastination. La gestion du temps efficace offre une base solide pour la réalisation personnelle. Que ces concepts, enrichis d'exemples concrets, d'astuces éclairantes et d'outils pratiques, soient votre guide vers une utilisation judicieuse du temps. Que chaque minute soit une opportunité d'avancer vers vos objectifs, écartant la procrastination pour faire place à l'action délibérée et efficace.

Tisser des Liens Significatifs

Améliorer la Communication Interpersonnelle :

La communication efficace est la pierre angulaire de relations saines et fructueuses. Pour améliorer la communication interpersonnelle, explorez des stratégies qui favorisent la compréhension mutuelle et la connexion.

Écoute Active : L'écoute active va au-delà de simplement entendre les mots. Cela implique une compréhension profonde des émotions et des besoins de l'autre personne. Pratiquez une écoute attentive, posez des questions de suivi, et validez les sentiments exprimés.

Communication Non Violente : La communication non violente, basée sur les travaux de Marshall Rosenberg, encourage l'expression authentique des sentiments et des besoins sans jugement. Utilisez des "je" déclaratifs pour exprimer vos sentiments et soyez attentif aux besoins de l'autre.

Clarté dans les Messages : Soyez conscient de la clarté de vos messages. Utilisez un langage simple, évitez les ambiguïtés, et demandez des retours pour vous assurer que votre message est compris comme vous l'avez intentionnellement exprimé.

Astuces à Suivre : Améliorer la Communication Interpersonnelle

1. Pratique de l'Écoute Active :

Cultivez l'habitude de l'écoute active en accordant une attention totale à votre interlocuteur. Posez des questions de clarification pour démontrer votre engagement.

2. Validation des Émotions :

Apprenez à valider les émotions de vos collègues. Reconnaître et respecter les sentiments de chacun renforce la confiance et favorise une communication ouverte.

3. Feedback Constructif :

Adoptez une approche de feedback constructif. Évitez la critique destructive et privilégiez des commentaires qui encouragent le développement et la croissance.

4. Utilisation de la Communication Non-Verbale :

Soyez conscient de votre communication non verbale. Les expressions faciales, le langage corporel et la posture contribuent significativement à la compréhension mutuelle.

5. Clarté dans les Communications Écrites :

Priorisez la clarté dans les communications écrites. Des messages précis et bien structurés minimisent les malentendus et renforcent la transparence.

6. Expression de Reconnaissance :

Cultivez une culture de reconnaissance. Exprimez votre gratitude et reconnaissez les contributions de vos collègues, favorisant un environnement positif.

7. Sensibilisation Culturelle :

Développez une sensibilisation culturelle. Comprenez les différences culturelles pour éviter les malentendus et promouvoir une communication inclusive.

En suivant ces astuces, vous pouvez développer des compétences en communication interpersonnelle, contribuant ainsi à des relations professionnelles plus positives et productives.

Outils Pratiques : Améliorer la Communication Interpersonnelle

1. Plateformes de Communication Collaborative :

Intégrez des plateformes pour faciliter les échanges instantanés, la collaboration sur des projets et renforcer la communication en temps réel.

3. Applications de Feedback en Temps Réel :

Intégrez des applications de feedback en temps réel pour encourager la rétroaction continue et renforcer la communication constructive.

4. Outils de Formation en Ligne :

Investissez dans des outils de formation en ligne pour permettre aux employés de développer leurs compétences en communication à leur propre rythme.

5. Systèmes de Gestion des Conflits :

Intégrez des systèmes de gestion des conflits pour traiter les différends de manière constructive et prévenir les malentendus.

6. Applications de Suivi des Objectifs :

Utilisez des applications de suivi des objectifs pour aligner les objectifs individuels avec ceux de l'équipe, renforçant ainsi la communication autour des priorités.

En intégrant ces outils pratiques, vous optimisez les processus de communication interpersonnelle, contribuant à un environnement professionnel plus collaboratif et efficient.

Construire des Relations Saines :

Les relations saines sont le socle du bien-être émotionnel. Pour construire des relations saines, investissez dans des interactions positives et nourrissantes.

Expression de Reconnaissance : Exprimez régulièrement votre reconnaissance envers les autres. Cela renforce les liens et crée un environnement où chacun se sent valorisé.

Gestion des Conflits Constructive : Les conflits font partie inhérente des relations. Apprenez des techniques de gestion de conflits constructives, comme la résolution collaborative de problèmes, pour transformer les désaccords en opportunités de croissance.

Temps de Qualité : Accordez du temps de qualité à vos relations. Que ce soit avec des amis, la famille, ou le partenaire, la qualité du temps passé ensemble est plus importante que la quantité.

Exemples Concrets : Construire des Relations Saines

1. Projets Collaboratifs :

Pensez à des équipes collaborant sur des projets stimulants. Travailler ensemble sur des objectifs communs crée un sentiment de camaraderie et renforce les relations professionnelles.

2. Groupes d'Intérêts Communs :

Imaginez la création de groupes d'intérêts communs au sein de l'entreprise, où les employés partageant des passions similaires peuvent se connecter en dehors du cadre professionnel.

3. Initiatives de Responsabilité Sociale d'Entreprise (RSE) :

Pensez à des initiatives de RSE auxquelles les employés participent ensemble. S'engager dans des activités philanthropiques renforce le sentiment d'appartenance et contribue à des relations saines.

4. Programme de Reconnaissance :

Visualisez un programme de reconnaissance formel, où les réussites individuelles sont célébrées. Cela crée un environnement positif et renforce les liens au sein de l'équipe.

10. Célébrations d'Anniversaires et d'Événements Personnels :

Imaginez des célébrations d'anniversaires et d'événements personnels au sein de l'entreprise. Reconnaître et célébrer la vie en dehors du travail contribue à des relations plus authentiques et saines.

Ces exemples concrets illustrent comment des actions spécifiques peuvent contribuer à la construction de relations saines au sein d'une équipe, favorisant ainsi un environnement professionnel positif et collaboratif.

Astuces à Suivre : Construire des Relations Saines

1. Cultiver l'Empathie :

Développez votre capacité à comprendre et ressentir les émotions des autres. L'empathie renforce la connexion émotionnelle et contribue à des relations plus saines.

2. Pratiquer la Communication Ouverte :

Favorisez une communication ouverte en encourageant les membres de l'équipe à partager leurs idées, opinions et préoccupations. Une transparence accrue renforce la confiance.

3. Établir des Frontières Saines :

Définissez des limites claires entre le professionnel et le personnel. Évitez d'empiéter sur la vie privée de vos collègues et respectez leur espace.

4. Encourager la Collaboration :

Stimulez la collaboration en assignant des projets d'équipe. Travailler ensemble sur des initiatives communes crée des opportunités d'interaction et de compréhension mutuelle.

5. Initier des Conversations Informelles :

Encouragez des conversations informelles en dehors du cadre de travail formel. Ces interactions décontractées favorisent des liens plus profonds entre les membres de l'équipe.

6. Soutenir le Développement Personnel :

Apportez un soutien au développement personnel de vos collègues. Encouragez leurs objectifs professionnels et personnels pour renforcer la connexion.

7. Partager des Expériences Positives :

Célébrez les succès individuels et collectifs. Partager des expériences positives crée une atmosphère de célébration et renforce les relations.

8. Éviter les Jugements Précipités :

Évitez les jugements hâtifs envers vos collègues. Prenez le temps de comprendre leur perspective avant de former des opinions, favorisant ainsi un environnement de confiance.

9. Offrir des Retours Positifs :

Donnez des retours positifs et constructifs. Reconnaître les contributions de vos collègues contribue à un environnement de travail positif.

10. Favoriser la Diversité et l'Inclusion :

Promouvez la diversité et l'inclusion au sein de l'équipe. Un environnement où chacun se sent inclus renforce la cohésion et la satisfaction au travail.

En suivant ces astuces, vous pouvez créer et maintenir des relations saines au sein de votre équipe, favorisant un environnement professionnel positif et collaboratif.

Outils Pratiques: Construire des Relations Saines

1. Plateformes de Feedback Continu :

Intégrez des plateformes pour faciliter le feedback continu entre les membres de l'équipe, renforçant ainsi les relations professionnelles.

2. Applications de Gestion des Événements :

Adoptez des applications pour organiser des événements sociaux, renforçant les liens informels entre les membres de l'équipe.

3. Outils de Communication Asynchrone :

Utilisez des outils de communication asynchrone pour permettre des échanges informels même en dehors des heures de travail régulières.

4. Plateformes de Reconnaissance :

Intégrez des plateformes de reconnaissance pour permettre aux membres de l'équipe de reconnaître publiquement les contributions de leurs collègues.

5. Outils d'Analyse de l'Engagement :

Adoptez des outils d'analyse de l'engagement pour évaluer la satisfaction et les relations au sein de l'équipe, identifiant les domaines à améliorer.

En incorporant ces outils pratiques, vous pouvez faciliter la construction de relations saines au sein de votre équipe, contribuant à un environnement professionnel positif et harmonieux.

En conclusion, le chapitre sur la communication et les relations explore des stratégies pour améliorer la communication interpersonnelle et construire des relations saines. Des liens significatifs nourrissent notre bien-être émotionnel et créent une toile de soutien dans notre parcours de développement personnel. Que ces concepts, enrichis d'exemples concrets, d'astuces éclairantes et d'outils pratiques, soient votre guide vers des interactions empreintes de compréhension, de positivité, et de relations épanouissantes. Que chaque mot partagé et chaque moment partagé contribuent à l'édification d'un réseau de relations saines et significatives.

Cultiver la Sérénité Intérieure

Techniques de Gestion du Stress :

La gestion du stress est essentielle pour maintenir un équilibre émotionnel et physique. Explorez des techniques éprouvées qui apaisent l'esprit et le corps, favorisant ainsi la résilience face aux défis.

Méditation et Pleine Conscience : La méditation et la pleine conscience sont des pratiques qui ancrent le moment présent. Des exercices de respiration profonde et de méditation guidée peuvent calmer le système nerveux et réduire le stress.

Exercice Physique Régulier : L'exercice libère des endorphines, les hormones du bonheur. Des activités physiques régulières, qu'il s'agisse de marche, de course, ou de yoga, sont des moyens efficaces de réduire le stress.

Gestion de l'Emploi du Temps : Planifiez soigneusement votre emploi du temps pour éviter la surcharge. L'organisation structurée des tâches et la définition de priorités aident à éliminer la pression inutile.

Exemples Concrets : Techniques de Gestion du Stress

1. La Technique de Respiration Abdominale :

Pratiquez la respiration abdominale en inspirant profondément par le nez, en gonflant le ventre, puis en expirant lentement par la bouche. Cela calme le système nerveux.

2. La Technique du Journal de Stress :

Tenez un journal de stress où vous identifiez les situations stressantes, vos réponses émotionnelles et des solutions potentielles. Cela favorise une compréhension et une gestion consciente du stress.

3. La Technique de Visualisation Positive :

Engagez-vous dans la visualisation positive en imaginant des scénarios réussis ou des lieux calmes. Cela aide à détourner l'esprit du stress et à induire un sentiment de calme.

4. La Technique du Rire Thérapeutique :

Intégrez le rire thérapeutique en regardant des vidéos comiques, en participant à des séances de yoga du rire, ou simplement en partageant des moments légers avec d'autres pour libérer des endorphines.

5. La Technique du Pouvoir des Mots Positifs :

Utilisez des mots positifs pour décrire vos expériences et émotions. Remplacez des termes négatifs par des affirmations positives pour changer la perspective et réduire le stress.

6. La Technique de la Pause de 10 Minutes :

Prenez une pause de 10 minutes pour vous déconnecter et faire une activité relaxante, comme une courte promenade, écouter de la musique apaisante, ou pratiquer la méditation.

7. La Technique de la Liste de Tâches Prioritaires :

Établissez une liste de tâches prioritaires pour organiser votre journée et réduire le sentiment d'urgence, favorisant ainsi une approche plus sereine du travail.

8. La Technique du Contact avec la Nature :

Accordez-vous du temps dans la nature. Que ce soit une promenade dans le parc, une randonnée ou simplement s'asseoir dans un jardin, cette connexion avec la nature peut réduire considérablement le stress.

9. La Technique de la Gestion de l'Environnement :

Créez un environnement calme en utilisant des bougies parfumées, des plantes d'intérieur, ou des éléments apaisants pour favoriser la détente physique et mentale.

10. La Technique du Yoga ou des Étirements :

Pratiquez le yoga ou des étirements réguliers pour relâcher les tensions musculaires et favoriser la relaxation, contribuant ainsi à la gestion du stress.

En appliquant ces techniques de gestion du stress dans votre quotidien, vous pouvez développer des habitudes saines pour faire face aux défis stressants et cultiver un bien-être émotionnel.

Astuces à Suivre : Techniques de Gestion du Stress

1. Pratique Régulière de la Méditation :

Intégrez la méditation dans votre routine quotidienne, en commençant par de courtes sessions et en augmentant progressivement le temps. Cela favorise la tranquillité mentale et la gestion du stress.

2. Adoption de la Mindfulness au Quotidien :

Pratiquez la pleine conscience en portant attention aux activités quotidiennes, comme manger ou marcher, de manière consciente. Cela renforce la présence mentale et réduit le stress.

3. Techniques de Relaxation Musculaire :

Apprenez des techniques de relaxation musculaire, comme la méthode Jacobson, pour relâcher les tensions corporelles et atténuer les effets physiques du stress. 4. Gestion Active des Pensées Négatives :

Identifiez et remplacez les pensées négatives par des affirmations positives.
Cela change la perspective mentale, réduisant ainsi l'impact émotionnel du stress.

4. Développement d'une Routine de Sommeil Saine :

Établissez une routine de sommeil régulière en créant un environnement propice au repos. Un sommeil adéquat contribue grandement à la résilience face au stress.

6. Pratique d'Exercices Physiques Réguliers :

Intégrez des exercices physiques réguliers, tels que la marche, le jogging ou le yoga, dans votre routine. L'activité physique libère des endorphines, agissant comme un antidote naturel au stress.

7. Création d'un Espace de Relaxation :

Aménagez un coin dédié à la relaxation dans votre domicile. Cet espace peut être utilisé pour des activités apaisantes comme la lecture, la méditation ou l'écoute de musique calme.

8. Pratique du Yoga Respiratoire :

Explorez le yoga respiratoire en apprenant des techniques de respiration profonde et contrôlée. Cela aide à calmer le système nerveux et à réduire les niveaux de stress.

9. Connexion avec des Proches :

Favorisez des connexions sociales en partageant vos sentiments avec des proches. La communication ouverte offre un soutien émotionnel crucial dans la gestion du stress.

10. Adoption d'une Perspective Positive :

Cultivez une perspective positive en cherchant constamment des aspects optimistes dans les situations stressantes. Cela renforce la résilience mentale face aux défis.

En suivant ces astuces, vous pouvez développer des compétences pratiques pour gérer le stress et maintenir un équilibre émotionnel.

Outils Pratiques : Techniques de Gestion du Stress

1. Applications de Méditation Guidée :

Utilisez des applications pour accéder à des sessions de méditation guidée adaptées à la gestion du stress.

2. Podcasts de Relaxation :

Explorez des podcasts dédiés à la relaxation et à la gestion du stress. Des séances audio spécifiques peuvent fournir des techniques pratiques.

3. Bandes de Respiration Guidée :

Optez pour des dispositifs tels que des bandes de respiration guidée, qui offrent des exercices de respiration pour calmer instantanément le système nerveux.

4. Applications de Pleine Conscience :

Téléchargez des applications de pleine conscience pour des exercices rapides et efficaces de pleine conscience adaptés à votre emploi du temps.

5. Cahier de Gestion du Stress :

Tenez un cahier dédié à la gestion du stress où vous enregistrez vos expériences, émotions et les stratégies qui fonctionnent pour vous. Cela crée une référence personnelle pour faire face au stress.

8. Livre d'Auto-assistance :

Investissez dans des livres d'auto-assistance axés sur la gestion du stress. Ces ressources fournissent souvent des conseils pratiques et des exercices pour développer des compétences de résilience.

9. Applications de Suivi du Sommeil :

Utilisez des applications pour améliorer la qualité de votre sommeil, essentiel pour une gestion du stress efficace.

10. Plateformes de Thérapie en Ligne :

Explorez des plateformes de thérapie en ligne, pour accéder à un soutien professionnel pour la gestion du stress.

En incorporant ces outils pratiques, vous pouvez personnaliser votre approche de gestion du stress, trouvant ainsi des méthodes qui correspondent à vos besoins individuels.

Le Rôle du Bien-être Émotionnel :

Le bien-être émotionnel est le fondement de la gestion du stress. Cultiver une attitude positive, gérer les émotions et nourrir sa santé mentale sont des aspects essentiels pour construire une résilience durable.

Pratique de la Positivité : Intégrez la pratique de la positivité dans votre quotidien. Identifiez les aspects positifs de chaque situation, même les plus petites, pour renforcer une perspective optimiste.

Gestion des Émotions : Apprenez à reconnaître et à gérer vos émotions. Des techniques telles que la visualisation positive, la gratitude, et l'expression émotionnelle constructive renforcent le bien-être émotionnel.

Soutien Social : Cultivez des relations positives. Avoir un réseau de soutien solide offre un espace pour partager les émotions et trouve un soutien dans les moments de stress.

Exemples Concrets : Le Rôle du Bien-être Émotionnel

1. Journalisation des Émotions :

Tenez un journal des émotions pour identifier et comprendre vos sentiments quotidiens. Cela favorise une prise de conscience émotionnelle et offre des pistes pour améliorer le bien-être.

2. Activités Artistiques Expressives :

Engagez-vous dans des activités artistiques expressives, telles que la peinture, l'écriture ou la musique, pour libérer et explorer vos émotions de manière créative.

3. Pratique de la Gratitude :

Établissez une routine quotidienne de gratitude en notant trois choses pour lesquelles vous êtes reconnaissant. Cela encourage une perspective positive et renforce le bien-être émotionnel.

4. Connexion Sociale Authentique :

Favorisez des connexions sociales authentiques en partageant vos émotions avec des amis proches. Le soutien social joue un rôle crucial dans le bien-être émotionnel.

5. Écoute Active :

Pratiquez l'écoute active lors des conversations. Être pleinement présent et comprendre les émotions des autres contribue à des relations plus saines et à un bien-être émotionnel renforcé.

6. Pause Technologique :

Faites des pauses régulières loin des écrans pour réduire l'exhortation émotionnelle liée à la technologie, favorisant ainsi un équilibre émotionnel.

7. Exercice Physique :

Intégrez l'exercice physique dans votre routine. L'activité physique libère des endorphines, améliorant l'humeur et le bien-être émotionnel.

8. Pratique de la Respiration Consciente :

Adoptez des techniques de respiration consciente pour réguler les émotions intenses, réduisant ainsi le stress émotionnel.

En appliquant ces exemples concrets, vous pouvez développer une approche holistique du bien-être émotionnel, favorisant ainsi une vie émotionnelle équilibrée et épanouissante.

Astuces à Suivre : Le Rôle du Bien-être Émotionnel

1. Routine de Gestion Émotionnelle :

Établissez une routine quotidienne dédiée à la gestion émotionnelle, incluant des moments pour la réflexion, la méditation, et la reconnaissance des émotions.

2. Équilibre Entre Vie Professionnelle et Personnelle :

Maintenez un équilibre sain entre vie professionnelle et personnelle pour prévenir l'épuisement émotionnel. Définissez des limites claires pour le travail et accordez-vous du temps pour des activités personnelles enrichissantes.

3. Pratique Régulière d'Auto-compassion :

Cultivez l'auto-compassion en étant bienveillant envers vous-même dans les moments difficiles. Évitez l'autocritique excessive pour promouvoir un bien-être émotionnel positif.

4. Gestion Active du Stress :

Apprenez des techniques de gestion du stress, telles que la respiration profonde et la visualisation, pour contrôler les réponses émotionnelles face aux situations stressantes.

5. Éviction des Éléments Négatifs :

Identifiez et évitez les sources négatives qui peuvent affecter votre bien-être émotionnel. Cela peut inclure des relations toxiques, des médias négatifs, ou des habitudes néfastes.

6. Priorisation du Sommeil :

Priorisez un sommeil de qualité en établissant une routine de sommeil régulière. Un repos adéquat est essentiel pour maintenir l'équilibre émotionnel.

7. Apprentissage Continu sur les Émotions :

Investissez du temps dans l'apprentissage continu sur les émotions. Lisez des livres, assistez à des conférences, ou participez à des ateliers pour mieux comprendre et gérer vos émotions.

8. Pratique de la Communication Non Violente :

Adoptez la communication non violente pour exprimer vos émotions de manière constructive, favorisant ainsi des relations positives et un bien-être émotionnel renforcé.

9. Activités Plaisir :

Intégrez des activités plaisirs régulières dans votre emploi du temps. Ces moments de joie contribuent à une atmosphère émotionnelle positive.

10. Recherche de Soutien Professionnel :

Si nécessaire, recherchez un soutien professionnel, comme la thérapie, pour explorer et traiter des aspects émotionnels plus complexes.

En suivant ces astuces, vous pouvez créer une base solide pour un bien-être émotionnel durable et équilibré.

Outils Pratiques Le Rôle du Bien-être Émotionnel

1. Applications de Gestion Émotionnelle :

Explorez des applications dédiées à la gestion émotionnelle, qui offrent des exercices et des suivis pour comprendre et réguler vos émotions.

2. Podcasts de Bien-être Émotionnel :

Écoutez des podcasts axés sur le bien-être émotionnel pour des conseils pratiques et des histoires inspirantes. Des ressources peuvent être particulièrement bénéfiques.

3. Carnet d'Émotions :

Utilisez un carnet d'émotions pour documenter vos sentiments quotidiens. Cela vous permettra de suivre les tendances émotionnelles et d'identifier des modèles.

4. Applications de Méditation :

Intégrez des applications de méditation, qui proposent des sessions spécifiques pour gérer le stress émotionnel et cultiver la sérénité.

5. Livre d'Exercices de Pleine Conscience :

Adoptez un livre d'exercices de pleine conscience qui propose des activités pratiques pour renforcer votre bien-être émotionnel, en mettant l'accent sur la pleine conscience au quotidien.

6. Guide de Communication Non Violente :

Utilisez des guides de communication non violente pour améliorer vos compétences en communication émotionnelle. Des livres comme "Les mots sont des fenêtres (ou bien ce sont des murs)" peuvent être des ressources précieuses.

7. Playlist de Musique Relaxante :

Créez une playlist de musique relaxante. Des sons apaisants peuvent influencer positivement votre état émotionnel et favoriser la détente.

8. Podcasts d'Auto-compassion :

Écoutez des podcasts sur l'auto-compassion pour intégrer cette pratique dans votre vie quotidienne. Des podcasts peuvent offrir des perspectives utiles.

9. Guide de Relaxation Musculaire Progressive :

Adoptez un guide de relaxation musculaire progressive pour apprendre des techniques efficaces de relâchement des tensions physiques, contribuant ainsi à l'apaisement émotionnel.

En utilisant ces outils pratiques, vous pouvez créer un environnement propice au bien-être émotionnel et développer des compétences précieuses pour naviguer à travers les défis émotionnels.

En conclusion, le chapitre sur la gestion du stress explore des techniques pour cultiver la sérénité intérieure et le rôle crucial du bien-être émotionnel. La gestion du stress va au-delà de simples stratégies de relaxation ; elle englobe une approche holistique du bien-être émotionnel. Que ces concepts, enrichis d'exemples concrets, d'astuces éclairantes et d'outils pratiques, soient votre guide vers une gestion saine du stress. Que chaque pratique de méditation, chaque acte d'auto-compassion, et chaque moment de pleine conscience tisse un filet de résilience face aux tumultes de la vie.

Naviguer avec Assurance

Stratégies pour une Prise de Décision Efficace :

La prise de décision efficace est une compétence clé dans le parcours du développement personnel. Explorez des stratégies qui éclairent le processus décisionnel et facilitent des choix éclairés.

Analyse des Options : Prenez le temps d'analyser les différentes options disponibles. Évaluez les avantages, les inconvénients et les conséquences potentielles de chaque choix.

Définition des Priorités : Identifiez vos valeurs fondamentales et fixez des priorités. Cela vous aide à aligner vos décisions sur ce qui est vraiment important pour vous.

Consultation Informée : Sollicitez des conseils auprès de personnes de confiance ou de mentors. Obtenir des perspectives externes peut élargir votre vision et vous aider à prendre des décisions plus éclairées.

Exemples Concrets : Stratégies pour une Prise de Décision Efficace

1. Utilisation du Tableau de Décision :

Imaginons que vous envisagez deux opportunités professionnelles. En utilisant un tableau de décision, vous pondérez des critères tels que le salaire, l'équilibre travail-vie personnelle et les opportunités de croissance pour choisir l'option la plus alignée sur vos objectifs.

2. Évaluation des Conséquences à Long Terme :

Dans une décision liée à votre carrière, prenez en compte les implications à long terme. Par exemple, envisagez les opportunités futures que cette décision pourrait ouvrir et les compromis à court terme.

3. Décision Alignée avec les Valeurs :

Si vous êtes confronté à une décision professionnelle importante, assurez-vous qu'elle est en harmonie avec vos valeurs fondamentales. Si l'éthique est primordiale pour vous, une décision contraire à ces principes pourrait entraîner des conséquences néfastes.

4. Analyse de Scénarios pour un Nouveau Projet :

Avant de lancer un nouveau projet professionnel, envisagez différents scénarios en termes de faisabilité, de retour sur investissement et de durée de mise en œuvre. Cela vous aide à anticiper les défis potentiels.

5. Priorisation des Projets :

Si vous avez plusieurs projets en cours, priorisez-les en fonction de leur alignement avec vos objectifs à long terme. Cela vous permet de concentrer vos efforts sur ce qui compte le plus.

En intégrant ces exemples concrets dans votre processus décisionnel professionnel, vous serez mieux équipé pour naviguer avec succès à travers des choix complexes.

Astuces à Suivre : Stratégies pour une Prise de Décision Efficace

1. Clarifiez vos Objectifs :

Avant de prendre une décision, ayez une vision claire de vos objectifs à court et à long terme. Cela crée un cadre pour évaluer les options et choisir celles qui vous rapprochent de vos aspirations.

2. Évitez la Décision Impulsive :

Résistez à l'impulsion de prendre des décisions hâtives. Prenez le temps de réfléchir, d'évaluer toutes les informations disponibles et de considérer les conséquences à long terme.

3. Utilisez la Technique de l'Arbre de Décision :

Créez un arbre de décision visuel pour représenter graphiquement les choix, les probabilités et les résultats possibles. Cela facilite la compréhension et l'analyse des ramifications de chaque option.

4. Consultez Diverses Sources d'Information :

Élargissez vos sources d'information. Consultez des experts, recherchez des données pertinentes et considérez des perspectives variées pour obtenir une vue d'ensemble plus complet.

5. Écoutez votre Intuition :

Ne négligez pas votre intuition, mais utilisez-la comme un facteur supplémentaire dans le processus décisionnel. Parfois, votre instinct peut offrir des informations cruciales.

6. Pesez les Risques et les Avantages :

Évaluez soigneusement les risques et les avantages de chaque option. Considérez non seulement les gains potentiels, mais aussi les pertes possibles.

7. Testez les Scénarios :

Anticipez les résultats possibles en testant différents scénarios. Cela vous donne une idée plus précise des conséquences potentielles de chaque choix.

8. Évitez le Surinvestissement Emotionnel :

Évitez de vous investir émotionnellement dans une option au détriment de la rationalité. Restez objectif et évaluez chaque option de manière impartiale.

9. Gardez l'Œil sur vos Valeurs :

Assurez-vous que la décision est conforme à vos valeurs fondamentales. Cela garantit une prise de décision alignée avec vos convictions personnelles.

10. Apprenez des Erreurs Passées :

Réfléchissez aux décisions passées, en particulier celles qui n'ont pas donné les résultats escomptés. Identifiez les leçons apprises pour affiner vos compétences décisionnelles.

En suivant ces astuces, vous renforcez vos compétences en prise de décision, favorisant des choix éclairés et alignés avec vos objectifs.

Outils Pratiques : Stratégies pour une Prise de Décision Efficace

1. Tableau de Décision Matricielle :

Créez un tableau avec des critères pondérés pour chaque option, aidant à évaluer objectivement les choix en fonction de leur alignement avec vos objectifs.

2. Cartographie Mentale :

Utilisez des cartes mentales pour visualiser les connexions entre les options, avantages et inconvénients. Cela offre une représentation visuelle pour une compréhension plus approfondie.

3. Technique de Simulation de Décision :

Simulez virtuellement les résultats potentiels de différentes décisions, permettant une évaluation plus réaliste des scénarios possibles.

4. Décision Alignée avec les Valeurs :

Utilisez des listes de contrôle pour vous assurer que chaque option est en harmonie avec vos valeurs fondamentales, guidant ainsi des choix plus significatifs.

5. Journal de Décisions :

Documentez vos décisions dans un journal, offrant une rétrospective précieuse pour affiner vos compétences décisionnelles basées sur des expériences passées.

6. Analyse de Pareto :

Appliquez le principe de Pareto pour identifier les facteurs clés qui influent le plus sur la décision, concentrant votre attention sur les aspects les plus significatifs.

L'intégration de ces outils pratiques optimise votre capacité à prendre des décisions éclairées et stratégiques dans des situations complexes.

Apprendre des Erreurs et des Échecs :

Les erreurs et les échecs sont des inévitabilités dans la vie, mais ils sont aussi des opportunités d'apprentissage. Comprendre comment tirer des leçons de ces expériences est crucial pour une croissance continue.

Analyse Post-Événement : Après une décision qui s'est avérée moins favorable, prenez le temps d'analyser les raisons sous-jacentes. Comprenez ce qui aurait pu être fait différemment.

Cultiver la Résilience : Développez une attitude résiliente face aux revers. Comprenez que les échecs font partie du parcours, et ils offrent souvent des pistes pour des réussites futures.

Ajustement Continu : Soyez prêt à ajuster votre approche en fonction des enseignements tirés des erreurs. L'adaptabilité est une compétence précieuse.

Exemples Concrets : Apprendre des Erreurs et des Échecs

1. Échec dans un Projet Professionnel :

Après l'échec d'un projet, analysez en détail les facteurs qui ont contribué à son insuccès. Identifiez les lacunes dans la planification, la gestion des ressources et les compétences nécessaires. Ces insights peuvent orienter vos futures décisions de projet.

2. Erreur de Gestion d'Équipe :

Supposons que vous ayez pris une décision de gestion qui a entraîné des tensions au sein de l'équipe. En reconnaissant l'impact de cette erreur, vous pouvez élaborer des stratégies pour améliorer la communication, renforcer la cohésion d'équipe et éviter des erreurs similaires à l'avenir.

3. Décision d'Investissement Infructueuse :

Après avoir investi dans une opportunité qui s'est révélée infructueuse, examinez les facteurs qui ont conduit à ce choix. Cela pourrait impliquer une analyse des données financières, des tendances du marché et des signaux d'alerte ignorés. Ces leçons peuvent informer vos futures décisions d'investissement.

4. Stratégie de Lancement de Produit Inefficace :

Après le lancement d'un produit qui n'a pas résonné avec le marché, examinez les retours clients, les données de vente et les réactions des concurrents. Ces informations peuvent éclairer une nouvelle stratégie de lancement basée sur une meilleure compréhension des besoins du marché.

5. Mauvaise Gestion des Priorités :

En cas de mauvaise gestion des priorités conduisant à un surmenage, identifiez les signaux précurseurs tels que des retards fréquents, un manque de délégation, et développez des stratégies pour une gestion plus efficace du temps et des tâches.

En tirant des leçons de ces exemples concrets, vous transformez les échecs en opportunités d'apprentissage, développant ainsi une approche plus robuste et résiliente face aux défis futurs.

Astuces à Suivre : Apprendre des Erreurs et des Échecs

1. Cultivez une Mentalité de Croissance :

Adoptez une mentalité de croissance qui considère les erreurs comme des opportunités d'apprentissage. Cette perspective encourage la résilience et la recherche constante d'amélioration.

2. Pratiquez l'Autoreflexion :

Développez le réflexe de l'autoréflexion régulière. Analysez vos décisions, échecs et succès pour comprendre les motifs récurrents et ajuster votre approche en conséquence.

3. Soyez Ouvert à la Critique Constructive :

Accueillez la critique constructive avec bienveillance. Les perspectives extérieures peuvent révéler des angles morts et offrir des idées pour éviter des erreurs similaires à l'avenir.

4. Établissez un Processus d'Examen Post-Échec :

Créez un processus systématique pour examiner les échecs. Identifiez les points de rupture, les décisions cruciales et les signaux d'alerte que vous auriez pu négliger.

5. Favorisez la Transparence dans l'Équipe :

Encouragez la transparence au sein de votre équipe. Une culture où les erreurs sont partagées ouvertement crée un environnement propice à l'apprentissage collectif.

6. Décomposez les Erreurs en Étapes :

Analysez les erreurs étape par étape. Identifiez à quel moment la défaillance s'est produite et pourquoi. Cette approche détaillée guide vers des ajustements plus précis.

7. Établissez des Protocoles Post-Échec :

Créez des protocoles spécifiques à suivre après un échec. Cela pourrait inclure des réunions d'équipe dédiées pour évaluer les échecs et déterminer des actions correctives.

8. Favorisez la Communication Ouverte :

Assurez-vous que la communication au sein de l'organisation est ouverte et encourage les discussions honnêtes sur les erreurs. Cela favorise un climat où les leçons peuvent être tirées sans crainte de représailles.

9. Documentez les Leçons Apprises :

Créez une base de données ou un document centralisé pour consigner les leçons apprises. Cette ressource peut être référencée pour éviter la répétition des mêmes erreurs.

10. Évitez la Blâme et Favorisez la Responsabilité :

Évitez de chercher des coupables en cas d'échec. Au lieu de cela, favorisez une culture de responsabilité où chacun est encouragé à prendre des mesures correctives pour éviter les erreurs similaires.

En suivant ces astuces, vous transformez les erreurs en opportunités d'amélioration continue, favorisant une culture d'apprentissage dynamique au sein de votre vie professionnelle et personnelle.

Outils Pratiques : Apprendre des Erreurs et des Échecs

1. Matrice d'Analyse d'Échec :

Créez une matrice structurée pour analyser les échecs. Identifiez les causes profondes, les actions prises et les résultats attendus. Cette matrice offre une vue holistique pour comprendre et éviter les échecs similaires.

2. Journal d'Échecs et d'Apprentissage :

Encouragez la tenue d'un journal où chaque membre de l'équipe note les échecs, les erreurs et les leçons apprises. Cela sert de référence partagée et stimule la réflexion individuelle.

3. Cartographie des Décisions Critiques :

Créez une carte visuelle des décisions critiques impliquées dans un échec. Cela aide à identifier les points de rupture et à éclairer les alternatives qui auraient pu être explorées.

4. Système de Signalement Anonyme :

Instaurez un système de signalement anonyme où les membres de l'équipe peuvent signaler des erreurs sans crainte de représailles. Cela favorise une communication ouverte et honnête.

5. Récompenses pour l'Apprentissage :

Créez un système de récompenses pour ceux qui tirent des leçons significatives des échecs. Cela encourage une culture où l'apprentissage est valorisé au même titre que la réussite.

En incorporant ces outils pratiques, vous créez un cadre robuste pour l'apprentissage continu à partir des erreurs, transformant ainsi les échecs en moteurs d'amélioration et de croissance.

En conclusion, le chapitre sur la prise de décision explore des stratégies pour naviguer avec assurance dans le processus décisionnel et apprendre des erreurs et des échecs. La prise de décision éclairée et la capacité à tirer des leçons des revers sont des compétences cruciales dans le voyage du développement personnel. Que ces concepts, enrichis d'exemples concrets, d'astuces éclairantes et d'outils pratiques, soient votre boussole dans la navigation des choix et des apprentissages. Que chaque décision, qu'elle soit couronnée de succès ou d'enseignements, contribue à votre évolution personnelle et à votre quête de sagesse.

S'Épanouir dans le Changement

S'Adapter au Changement :

L'adaptabilité est une qualité précieuse dans un monde en constante évolution. Explorez des stratégies qui favorisent une adaptation fluide aux changements, qu'ils soient professionnels, personnels ou émotionnels.

Cultiver une Mentalité de Croissance : Adoptez une mentalité de croissance qui considère les défis comme des opportunités d'apprentissage. Cela vous permet de voir le changement comme un moteur de développement personnel.

Flexibilité dans les Plans : Soyez prêt à ajuster vos plans en fonction des circonstances changeantes. La flexibilité permet de naviguer avec aisance dans des environnements dynamiques.

Gestion du Stress lié au Changement : Développez des techniques de gestion du stress spécifiques au changement, telles que la méditation et la visualisation positive. Cela favorise une transition plus douce.

Exemples Concrets : S'adapter au Changement

1. Transition Professionnelle Réussie :

Imaginons Sarah, qui a navigué avec succès à travers une transition professionnelle. Initialement dans le secteur financier, elle a suivi des cours de reconversion pour se lancer dans le développement durable. Son adaptation aux nouvelles compétences et son ouverture au changement ont été essentielles pour sa réussite.

2. Gestion d'une Pandémie :

Prenons l'exemple d'Alexandre, propriétaire d'un petit restaurant. Face à la pandémie, il a rapidement adapté son modèle d'affaires en passant à la livraison à domicile, mettant en place des protocoles de sécurité et développant une présence en ligne. Cette agilité lui a permis de maintenir son activité.

3. Changement de Mode de Vie :

Considérons Maya, qui a décidé de changer radicalement son mode de vie sédentaire. En intégrant progressivement l'exercice physique, la méditation et une alimentation équilibrée, elle a réussi à s'adapter à un mode de vie plus sain, surmontant les défis initiaux avec détermination.

4. Évolution Technologique :

Prenons le cas de Javier, un professionnel de l'informatique. Face à l'évolution rapide de la technologie, il a régulièrement suivi des formations pour rester à la pointe des dernières avancées. Son engagement envers l'apprentissage continu a renforcé son adaptabilité dans un secteur en constante mutation.

5. Changement Géographique :

Imaginez Carla, qui a dû déménager dans un nouveau pays en raison d'une mutation professionnelle de son conjoint. En s'immergeant dans la culture locale, en apprenant la langue et en élargissant son réseau social, elle a réussi à s'adapter harmonieusement à son nouvel environnement.

Ces exemples concrets illustrent comment des individus ont embrassé le changement, démontrant ainsi leur adaptabilité. Que ce soit dans le contexte professionnel, personnel ou sociétal, la capacité à s'ajuster aux nouvelles circonstances est une compétence précieuse dans la société en constante évolution.

Astuces à Suivre : S'Adapter au Changement

1. Cultiver une Mentalité Positive :

Adoptez une attitude positive envers le changement. Considérez-le comme une opportunité d'apprentissage et de croissance plutôt que comme une menace.

2. Pratiquer la Flexibilité :

Développez votre flexibilité en étant ouvert à de nouvelles idées et approches. Évitez de vous accrocher à des méthodes obsolètes et soyez prêt à ajuster votre approche en fonction des circonstances.

3. Élargir ses Compétences :

Investissez dans l'acquisition de nouvelles compétences. L'apprentissage continu renforce votre adaptabilité en élargissant votre boîte à outils professionnel et personnel.

4. Établir des Objectifs Flexibles :

Définissez des objectifs qui sont spécifiques mais flexibles. Cela vous permet d'ajuster vos aspirations en fonction des changements imprévus tout en maintenant une direction claire.

5. Cultiver des Réseaux Forts :

Entourez-vous de personnes qui encouragent le changement. Un réseau fort offre un soutien émotionnel et des conseils pratiques pendant les périodes d'ajustement.

6. Anticiper et Planifier :

Anticipez les changements potentiels en élaborant des plans d'action. Avoir des solutions préparées facilite une transition plus fluide.

7. Accepter l'Incertitude :

Faites preuve de tolérance envers l'incertitude. Le changement est souvent accompagné d'éléments inconnus, et l'acceptation de cette réalité favorise une adaptation plus sereine.

8. Écouter et Apprendre :

Pratiquez l'écoute active et apprenez des expériences des autres. Les enseignements tirés des expériences d'autrui peuvent être des guides précieux dans des moments de changement.

9. S'Engager dans des Projets Innovants :

Participez à des projets innovants. L'implication dans des initiatives novatrices stimule votre créativité et renforce votre capacité à anticiper et à répondre au changement.

10. Faire Preuve d'Adaptabilité au Quotidien :

Intégrez des changements mineurs dans votre quotidien. Cela développe une aptitude naturelle à s'ajuster rapidement et facilite l'adaptabilité face à des transformations plus significatives.

En suivant ces astuces, vous développez une aptitude à embrasser le changement avec confiance et à en tirer des avantages positifs, renforçant ainsi votre adaptabilité face à un monde en constante évolution.

Outils Pratiques : S'Adapter au Changement

1. Plan de Transition de Carrière :

Envisagez de créer un plan de transition de carrière. Identifiez les étapes pour évoluer vers de nouveaux domaines professionnels tout en maximisant vos compétences actuelles.

2. Bibliothèque de Ressources de Développement Personnel :

Construisez une bibliothèque virtuelle de ressources de développement personnel. Des livres, des podcasts et des articles peuvent offrir des perspectives inspirantes et des conseils pratiques pour embrasser le changement.

3. Planification de Scénarios :

Élaborez des scénarios futurs et des plans d'action correspondants. Cela renforce votre capacité à anticiper les changements potentiels et à vous préparer en conséquence.

4. Table Ronde de Feedback :

Organisez des tables rondes de feedback avec vos collègues et amis. Les retours d'expérience et les conseils constructifs peuvent être des outils précieux pour améliorer votre adaptabilité.

5. Plateforme d'Apprentissage en Ligne :

Explorez des plateformes d'apprentissage en ligne pour acquérir de nouvelles compétences. Les cours en ligne offrent une flexibilité qui vous permet d'ajuster votre apprentissage selon votre emploi du temps.

Intégrer ces outils pratiques dans votre routine renforce votre capacité à s'adapter aux transitions avec confiance et facilité, vous permettant ainsi de prospérer dans un environnement en constante évolution.

Renforcer la Résilience face aux Difficultés :

La résilience est la capacité à rebondir face aux difficultés. Explorez des stratégies qui renforcent votre résilience émotionnelle et mentale dans les moments difficiles.

Reformulation Positif : Pratiquez le Reformulation positif en cherchant des aspects constructifs même dans des situations difficiles. Cela développe une perspective optimiste.

Réseaux de Soutien : Cultivez des relations solides. Un réseau de soutien offre un refuge émotionnel et des ressources pratiques en période de crise.

Pratique de la Pleine Conscience : La pleine conscience aide à rester ancré dans le moment présent, réduisant ainsi l'impact émotionnel des difficultés.

Exemples Concrets : Renforcer la Résilience Face aux Difficultés

1. Évolution Professionnelle Après un Échec :

Imaginons Laura, qui, après un échec professionnel majeur, a décidé de réorienter sa carrière. Elle a renforcé sa résilience en tirant des leçons de l'échec, en se formant dans un nouveau domaine et en établissant des partenariats solides qui ont contribué à son succès professionnel ultérieur.

2. Surmonter un Accident de la Vie :

Prenons l'exemple de Julien, qui a fait face à un accident grave qui a changé sa vie. En travaillant avec des professionnels de la santé mentale, en adoptant des pratiques de gestion du stress et en s'appuyant sur son réseau de soutien, il a renforcé sa résilience pour surmonter les difficultés et redéfinir sa vie.

3. Adaptation à un Changement Soudain :

Considérons l'histoire d'Anna, qui a perdu son emploi de longue date en raison d'une restructuration. En développant une attitude proactive, en mettant en place un plan d'action pour sa recherche d'emploi et en se formant aux nouvelles tendances de l'industrie, elle a rapidement rebondi et trouvé une nouvelle opportunité.

4. Résilience dans les Relations Interpersonnelles :

Imaginons Nicolas, qui a traversé une période difficile dans ses relations interpersonnelles. En investissant dans la communication efficace, en recherchant des conseils professionnels et en développant des compétences relationnelles, il a réussi à renforcer ses liens et à surmonter les obstacles.

5. Transition Après une Perte Financière :

Prenons l'exemple de Sofia, qui a subi une perte financière significative. En ajustant son mode de vie, en établissant un plan financier solide et en cherchant des opportunités de revenus supplémentaires, elle a démontré une résilience exceptionnelle face à l'adversité financière.

Ces exemples incarnent la résilience en action, illustrant comment des individus ont surmonté des difficultés en développant des compétences émotionnelles, en cherchant du soutien et en adoptant des stratégies pragmatiques pour rebondir après des périodes difficiles.

Astuces à Suivre : Renforcer la Résilience Face aux Difficultés

1. Cultiver la Pensée Positive :

Favorisez une attitude optimiste en identifiant et en remplaçant les pensées négatives par des pensées positives. Cela aide à développer une perspective constructive face aux difficultés.

2. Pratiquer la Pleine Conscience :

Adoptez des pratiques de pleine conscience, telles que la méditation et la respiration consciente, pour développer une présence mentale qui aide à gérer le stress et à maintenir la concentration dans des moments difficiles.

3. Établir des Objectifs Réalistes :

Fixez des objectifs atteignables. La définition d'objectifs réalistes favorise un sentiment d'accomplissement, renforçant ainsi la confiance en soi et la capacité à surmonter les obstacles.

4. Cultiver des Relations Positives :

Entourez-vous de personnes positives et bienveillantes. Le soutien social est essentiel pour renforcer la résilience. Partagez vos expériences avec des amis, des proches ou des mentors.

5. Apprendre de l'Adversité :

Considérez chaque difficulté comme une opportunité d'apprentissage. Identifiez les leçons tirées de vos expériences difficiles et appliquez-les pour vous renforcer face à de futurs défis.

6. Développer la Flexibilité :

Cultivez la flexibilité mentale et émotionnelle. Être capable de s'adapter aux changements de plan ou de perspective favorise la résilience et permet de faire face plus efficacement aux difficultés.

7. Prendre Soin de Soi :

Accordez de l'importance à votre bien-être physique et émotionnel. Une alimentation équilibrée, un sommeil suffisant et des activités qui vous procurent de la joie contribuent à renforcer votre résilience.

8. Demander de l'Aide Professionnelle :

N'hésitez pas à consulter un professionnel de la santé mentale. Les thérapeutes et conseillers peuvent fournir des stratégies personnalisées pour renforcer la résilience et surmonter les difficultés.

9. Établir des Limites :

Sachez dire non et établissez des limites claires pour préserver votre énergie émotionnelle. Cela vous aide à vous concentrer sur les défis les plus importants et à éviter le surmenage.

10. Célébrer les Victoires, Même Petites :

Reconnaissez et célébrez vos succès, même les plus modestes. Cela renforce votre confiance en vous et vous donne le sentiment que vous pouvez surmonter les défis à venir.

En suivant ces astuces, vous développerez progressivement une résilience accrue, renforçant ainsi votre capacité à faire face aux difficultés avec force et détermination.

Outils Pratiques : Renforcer la Résilience Face aux Difficultés

1. Journal de Résilience :

Tenez un journal où vous notez vos expériences difficiles, les émotions ressenties et les stratégies utilisées pour surmonter les obstacles. Cela offre une réflexion constructive et une référence précieuse pour les périodes futures.

2. Plan d'Action Personnel :

Élaborez un plan d'action détaillé pour faire face aux difficultés potentielles. Identifiez les ressources, les contacts et les stratégies spécifiques que vous pouvez mobiliser dans des moments de crise.

3. Réseau de Soutien :

Créez un réseau de soutien solide en identifiant des amis, des membres de la famille, des collègues ou des mentors sur lesquels vous pouvez compter. Établissez des relations significatives pour partager vos préoccupations et obtenir des conseils.

4. Évaluation Régulière des Objectifs :

Établissez des objectifs réguliers et évaluez-les périodiquement. Cette approche permet d'ajuster vos attentes, de célébrer les progrès et de rester concentré sur des objectifs réalistes.

5. Mindfulness au Quotidien :

Intégrez la pleine conscience dans votre routine quotidienne. Des applications de méditation guidée ou des exercices de pleine conscience peuvent aider à développer une résilience quotidienne face aux petits stress.

6. Formation à la Communication Efficace :

Participez à des ateliers de communication efficace. Améliorer vos compétences en communication renforce votre capacité à exprimer vos besoins, à demander de l'aide et à maintenir des relations positives.

7. Formation à la Flexibilité Cognitive :

Suivez des formations axées sur la flexibilité mentale. Ces programmes renforcent votre capacité à ajuster votre perspective face aux changements, favorisant ainsi une réaction adaptative aux défis.

8. Carnet de Gratitude :

Tenez un carnet de gratitude où vous notez chaque jour des aspects positifs de votre vie. Cela cultive une perspective optimiste et renforce votre résilience en vous concentrant sur ce qui va bien.

En intégrant ces outils pratiques dans votre vie quotidienne, vous développerez des compétences concrètes pour renforcer votre résilience face aux difficultés, vous permettant ainsi de naviguer avec succès à travers les défis de la vie.

En conclusion, le chapitre sur l'adaptabilité et la résilience explore des stratégies pour s'épanouir dans le changement et renforcer la résilience face aux difficultés. Ces compétences sont cruciales dans un monde en perpétuelle évolution. Que ces concepts, enrichis d'exemples concrets, d'astuces éclairantes et d'outils pratiques, soient votre guide dans l'art de s'adapter avec souplesse et de rebondir face aux défis. Que chaque changement, qu'il soit un défi ou une opportunité, contribue à votre croissance personnelle et renforce la trame de votre résilience intérieure.

Chapitre 9 : Équilibre Vie Professionnelle-Vie Personnelle

Cultiver l'Harmonie Intérieure

Trouver un Équilibre entre Travail et Vie Personnelle :

L'équilibre entre travail et vie personnelle est essentiel pour préserver votre bien-être global. Explorez des stratégies pratiques pour intégrer ces deux aspects de votre vie de manière harmonieuse.

Établir des Limites : Définissez des limites claires entre le travail et la vie personnelle. Cela peut inclure des heures spécifiques de travail et des moments réservés à des activités personnelles.

Priorisation des Activités Personnelles : Identifiez les activités personnelles qui vous ressourcent et faites-en une priorité. Cela peut inclure des passe-temps, des activités physiques, ou simplement du temps de qualité en famille.

Communication Transparente : Communiquez clairement vos besoins en matière d'équilibre travail-vie personnelle avec vos collègues et superviseurs. Une communication transparente favorise une compréhension mutuelle.

Exemples Concrets : Trouver un Équilibre entre Travail et Vie Personnelle

Journées Thématiques :

Planifiez des journées thématiques pour regrouper des tâches similaires. Par exemple, dédiez une journée à des réunions professionnelles et une autre à des activités personnelles, réduisant ainsi la fragmentation du temps.

Pause Déjeuner Significative :

Utilisez la pause déjeuner de manière significative. Profitez de ce temps pour une activité personnelle plaisante, que ce soit une courte séance d'exercice, la lecture d'un livre ou une promenade revitalisante.

Télétravail Flexible :

Négociez des jours de télétravail flexibles. Cette flexibilité permet de concilier les exigences professionnelles avec des responsabilités personnelles, comme la gestion des rendez-vous médicaux ou les besoins familiaux.

Politique de Réponse aux Emails :

Mettez en place une politique de réponse aux emails en dehors des heures de travail. Limitez les réponses aux urgences et favorisez une communication asynchrone pour éviter une disponibilité constante.

Séparation Physique :

Créez une séparation physique entre l'espace de travail et celui de vie. Un bureau dédié favorise la concentration pendant les heures de travail et permet une transition claire vers la vie personnelle une fois le travail terminé.

Activités Familiales Planifiées :

Planifiez des activités familiales régulières. Que ce soit un dîner hebdomadaire en famille, une sortie le week-end ou une soirée jeu, ces moments renforcent les liens familiaux.

Définition d'Objectifs Personnels :

Établissez des objectifs personnels spécifiques. Cela peut inclure des objectifs de santé, des projets créatifs ou des activités que vous aimez, créant ainsi un équilibre intentionnel.

Temps de Qualité :

Allouez du temps de qualité avec vos proches. Déconnectez-vous des appareils électroniques pendant ces moments pour une interaction authentique et une connexion émotionnelle.

Gestion des Priorités :

Pratiquez une gestion judicieuse des priorités. Apprenez à dire non à des engagements qui ne contribuent pas à vos objectifs personnels ou professionnels, préservant ainsi votre énergie pour ce qui compte vraiment.

Rituel de Décompression :

Instaurez un rituel de décompression en fin de journée. Cela peut être une courte méditation, une activité relaxante ou simplement quelques minutes de calme pour vous détendre avant de passer à la vie personnelle.

En incorporant ces exemples concrets, vous développerez des stratégies personnalisées pour trouver un équilibre harmonieux entre votre vie professionnelle et personnelle, favorisant ainsi votre bien-être global.

Astuces à Suivre : Trouver un Équilibre entre Travail et Vie Personnelle

Établissement de Frontières Clair :

Définissez des frontières claires entre le travail et la vie personnelle. Évitez de répondre aux emails professionnels en dehors des heures dédiées et éteignez les notifications après la fin de la journée de travail.

Création d'une Routine Matinale :

Élaborez une routine matinale qui inclut des activités personnelles revitalisantes. Cela crée un moment pour vous-même avant de plonger dans les obligations professionnelles.

Planification Préalable :

Planifiez vos journées à l'avance. Identifiez les tâches professionnelles et personnelles à accomplir, facilitant ainsi une répartition équilibrée du temps.

Priorisation des Activités :

Priorisez les activités en fonction de leur importance. Concentrez-vous sur les tâches cruciales tant dans le cadre professionnel que personnel, éliminant ainsi le sentiment de surcharge.

Déconnexion Digitale :

Pratiquez une déconnexion digitale régulière. Éloignez-vous des écrans pendant des périodes dédiées pour favoriser une véritable détente et une connexion avec vos proches.

Utilisation Intelligente du Télétravail :

Si vous travaillez à distance, organisez votre espace de travail de manière à le distinguer de votre espace personnel. Cela aide à créer une séparation mentale entre le travail et la vie personnelle.

Négociation de Flexibilité :

Négociez des horaires flexibles avec votre employeur si possible. Cela permet d'ajuster votre emploi du temps en fonction des besoins familiaux ou personnels.

Définition d'Objectifs Réalistes :

Fixez des objectifs réalistes. Évitez de surcharger votre emploi du temps avec des attentes démesurées, ce qui peut entraîner du stress inutile.

Pratique de la Pleine Conscience :

Intégrez la pleine conscience dans votre quotidien. Des moments de méditation ou de conscience pendant les activités contribuent à réduire le stress et à maintenir l'équilibre.

Communication Ouverte :

Faites preuve de communication ouverte avec votre entourage. Expliquez vos limites et impliquez votre famille dans la planification pour un soutien mutuel.

En adoptant ces astuces, vous créerez des habitudes favorables à un équilibre harmonieux entre votre carrière et votre vie personnelle, préservant ainsi votre bien-être général.

Outils Pratiques : Trouver un Équilibre entre Travail et Vie Personnelle

Agenda Électronique avec Couleurs :

Utilisez un agenda électronique avec des catégories de couleur pour distinguer les engagements professionnels et personnels. Cela offre une vue d'ensemble claire de votre emploi du temps.

Application de Gestion du Temps :

Intégrez une application de gestion du temps qui permet de planifier et de suivre vos activités professionnelles et personnelles. Elle favorise une répartition équilibrée des responsabilités.

Tableau de Planification Familiale :

Créez un tableau de planification familiale visible par tous les membres du foyer. Cela facilite la coordination des horaires et des activités, minimisant les conflits d'emploi du temps.

Technologie Anti-Distraction :

Utilisez des applications anti-distraction pour restreindre l'accès aux médias sociaux ou aux emails pendant des périodes définies. Cela améliore la concentration pendant les heures de travail et favorise une véritable pause après.

Système de Gestion de Tâches :

Adoptez un système de gestion de tâches pour hiérarchiser les activités. Cela permet de focaliser sur les éléments les plus importants et de libérer du temps pour des engagements personnels significatifs.

Séances de Brainstorming Familial :

Organisez des séances de brainstorming familial pour planifier les semaines à venir. Impliquez chaque membre de la famille dans la discussion des événements et des priorités.

Notification de Fin de Travail :

Configurez une notification de fin de travail sur votre téléphone pour marquer la fin de la journée professionnelle. Cela aide à établir une séparation mentale entre le travail et la vie personnelle.

Planificateur de Repas :

Utilisez un planificateur de repas pour anticiper les repas de la semaine. Cela réduit la pression liée à la préparation des repas au dernier moment, libérant ainsi du temps pour d'autres activités.

Réunions Familiales Régulières :

Instaurez des réunions familiales régulières pour discuter des préoccupations et des attentes. Cela favorise une communication ouverte et permet d'ajuster les plans en conséquence.

En utilisant ces outils pratiques, vous serez en mesure de mieux organiser votre vie professionnelle et personnelle, créant ainsi un équilibre qui favorise le bienêtre à long terme.

Importance du Repos et de la Récupération :

Le repos et la récupération sont les piliers d'une vie équilibrée. Explorez des stratégies pour optimiser ces périodes cruciales de revitalisation.

Sommeil de Qualité : Priorisez un sommeil régulier et de qualité. Adoptez des routines pré-sommeil apaisantes pour favoriser un repos profond.

Périodes de Déconnexion : Intégrez des périodes de déconnexion totale, que ce soit lors de vacances, de journées de repos, ou de moments dédiés à des activités relaxantes.

Auto-Soins Réguliers : Cultivez des pratiques d'auto-soins régulières, telles que la méditation, le yoga, ou des activités créatives. Ces moments sont essentiels pour revitaliser votre énergie.

Exemples Concrets : Importance du Repos et de la Récupération

Nuit de Sommeil Ininterrompue :

Priorisez une nuit de sommeil ininterrompue en fixant des heures de coucher régulières. Un repos adéquat permet de recharger votre énergie physique et mentale pour affronter les défis du lendemain.

Journée de Congé Dédiée :

Allouez une journée de congé dédiée chaque mois pour vous détendre et vous consacrer à des activités que vous aimez. Cela favorise la récupération en réduisant le stress lié aux obligations professionnelles.

Escapade de Week-end :

Planifiez régulièrement des escapades de week-end pour échapper à la routine. Ces moments offrent une pause bénéfique, renforçant votre bien-être émotionnel.

Digital Detox Régulier :

Pratiquez des périodes de "digital detox" régulières, où vous éloignez les écrans et vous déconnectez des technologies. Cela permet une récupération mentale en réduisant la surstimulation.

Pause Déjeuner Significative :

Utilisez votre pause déjeuner de manière significative en sortant du lieu de travail. Que ce soit pour une promenade, une séance de méditation ou un moment de lecture, cela favorise une pause régénératrice.

Activités de Loisirs :

Intégrez des activités de loisirs dans votre routine quotidienne. Cela peut inclure la pratique d'un hobby, le sport, ou tout ce qui procure du plaisir et permet de relâcher la pression.

Sieste Réparatrice :

Accordez-vous une sieste réparatrice lorsque cela est possible. Une courte sieste peut considérablement améliorer votre niveau d'énergie et votre concentration.

Retraite de Méditation :

Participez à une retraite de méditation pour une récupération profonde. Cela offre une pause mentale, permettant une introspection et une régénération émotionnelle.

Journal de Gratitude :

Tenez un journal de gratitude avant de vous coucher. Cela oriente votre esprit vers des pensées positives, favorisant un sommeil plus paisible et une récupération mentale.

Pratique de la Respiration Profonde :

Intégrez des exercices de respiration profonde dans votre routine quotidienne. Ces pratiques simples contribuent à réduire le stress et à favoriser une récupération physique et mentale.

En appliquant ces exemples concrets, vous serez en mesure de reconnaître l'importance du repos et de la récupération dans la gestion de votre équilibre entre travail et vie personnelle.

Astuces à Suivre : l'Importance du Repos et de la Récupération

Routine de Sommeil Régulière :

Établissez une routine de sommeil régulière en fixant des heures de coucher et de réveil constantes. Cela optimise la qualité de votre sommeil, favorisant une récupération adéquate.

Planification de Temps de Repos :

Intégrez délibérément des plages horaires de repos dans votre emploi du temps. Que ce soit une pause de 10 minutes entre des tâches intensives ou un moment de détente après le travail, ces pauses contribuent à la récupération.

Journée de Récupération Mensuelle :

Planifiez une journée de récupération mensuelle dédiée à des activités relaxantes. Cela peut inclure la lecture, la méditation, ou simplement se détendre sans obligations.

Déconnexion Digitale Régulière :

Pratiquez régulièrement des périodes de déconnexion digitale. Éteignez les notifications et dégagez-vous des écrans pendant des moments spécifiques pour permettre à votre esprit de se reposer.

Méditation Quotidienne :

Intégrez une courte séance de méditation quotidienne dans votre routine. Cela favorise la relaxation mentale et contribue à une meilleure récupération émotionnelle.

Activités Physiques Régulières :

Pratiquez régulièrement des activités physiques. L'exercice contribue à libérer des endorphines, améliorant votre humeur et favorisant la récupération physique.

Week-ends Dédiés au Repos :

Planifiez des week-ends occasionnels dédiés au repos. Évitez les engagements professionnels et consacrez ce temps à des loisirs relaxants.

Priorisation de Récupération :

Faites de la récupération une priorité. Si vous vous sentez fatigué, ne sous-estimez pas l'importance de prendre du temps pour vous reposer.

Gestion du Stress :

Adoptez des techniques de gestion du stress, telles que la respiration profonde et la visualisation. Ces pratiques aident à apaiser le système nerveux, favorisant ainsi la récupération.

En suivant ces astuces, vous pourrez intégrer efficacement le repos et la récupération dans votre vie quotidienne, améliorant ainsi votre bien-être global.

Outils Pratiques : l'Importance du Repos et de la Récupération

Application de Gestion du Sommeil :

Utilisez des applications de gestion du sommeil pour suivre la qualité de votre sommeil. Elles peuvent fournir des analyses détaillées et des conseils pour améliorer votre routine de sommeil.

Agenda de Récupération :

Intégrez un agenda de récupération dans votre planning. Bloquez des plages horaires spécifiques pour des activités de détente, signalant l'importance que vous accordez à la récupération.

Techniques de Relaxation Guidée :

Explorez des techniques de relaxation guidée à travers des applications ou des enregistrements audio. Ces outils vous guident à travers des exercices de relaxation, améliorant ainsi la qualité de votre récupération.

Liste de Lecture Apaisante :

Créez une liste de lecture apaisante comprenant des musiques relaxantes ou des sons naturels. Écoutez-la pendant vos moments de repos pour favoriser une ambiance relaxante.

Technologie de Déconnexion Automatique :

Utilisez des applications ou des fonctionnalités sur votre téléphone qui vous permettent de planifier des moments de déconnexion automatique. Cela vous aide à restreindre l'accès aux notifications pendant les périodes cruciales de récupération.

Application de Méditation :

Adoptez des applications de méditation qui proposent des sessions guidées pour la relaxation. Ces outils sont pratiques et adaptés à différents niveaux d'expérience.

Journal de Repos :

Tenez un journal de repos pour enregistrer vos activités de récupération. Cela vous permet d'identifier ce qui fonctionne le mieux pour vous et d'ajuster votre approche en conséquence.

Planificateur de Journée Équilibrée :

Utilisez un planificateur qui intègre la notion d'équilibre entre travail et récupération. Cela vous aide à structurer votre journée de manière à inclure des moments dédiés à la récupération.

Alarme de Pause :

Configurez une alarme sur votre téléphone ou votre ordinateur pour vous rappeler de prendre des pauses régulières. Cela vous encourage à vous éloigner de votre travail pour une récupération mentale.

Podcasts de Bien-Être :

Abonnez-vous à des podcasts de bien-être qui fournissent des conseils et des discussions sur l'importance du repos. Écoutez-les pendant vos trajets ou lors de vos moments de détente.

L'application de ces outils pratiques offre des solutions concrètes pour intégrer efficacement le repos et la récupération dans votre vie quotidienne.

En conclusion, le chapitre sur l'équilibre vie professionnelle-vie personnelle explore des stratégies pour cultiver l'harmonie intérieure entre ces deux sphères de votre vie. Que ces concepts, enrichis d'exemples concrets, d'astuces éclairantes et d'outils pratiques, soient votre guide dans la quête d'un équilibre épanouissant. Que chaque journée de travail productive soit équilibrée par des moments de repos nourrissants, créant ainsi une symphonie harmonieuse dans votre vie quotidienne.

L'Élan Infini de l'Apprentissage

L'Importance de l'Apprentissage Continu :

L'apprentissage continu est la clé d'une croissance perpétuelle. Explorez des stratégies pour cultiver une mentalité d'apprentissage, tant sur le plan professionnel que personnel.

Mentalité d'Apprentissage : Adoptez une mentalité d'apprentissage, considérant chaque expérience comme une opportunité d'acquérir de nouvelles connaissances et compétences.

Exploration de Nouveaux Domaines : Soyez ouvert à l'exploration de nouveaux domaines. Cela stimule la curiosité intellectuelle et élargit vos horizons.

Planification du Développement : Élaborez un plan de développement personnel et professionnel. Identifiez les compétences que vous souhaitez acquérir et les domaines dans lesquels vous souhaitez vous développer.

Exemples Concrets : l'Importance de l'Apprentissage Continu

Évolution Technologique :

Les professionnels du secteur technologique doivent constamment actualiser leurs compétences pour rester pertinents. Par exemple, un développeur web apprendra de nouveaux langages de programmation pour rester compétitif sur le marché.

Secteur Médical :

Dans le domaine médical, les praticiens doivent se tenir informés des dernières avancées médicales et des traitements innovants. Cela garantit une prestation de soins de santé de qualité et des diagnostics précis.

Leadership :

Les leaders d'entreprise doivent continuellement développer leurs compétences en leadership pour motiver et guider efficacement leurs équipes. Des programmes de formation en leadership peuvent offrir des stratégies actualisées.

Adaptation aux Changements du Marché :

Les professionnels du marketing doivent constamment s'adapter aux changements dans les comportements des consommateurs et les tendances du marché. Apprendre de nouvelles stratégies de marketing digital, par exemple, est essentiel.

Éducation Continue :

Dans le secteur éducatif, les enseignants bénéficient de l'adoption de nouvelles méthodes pédagogiques et technologies éducatives. Cela enrichit l'expérience d'apprentissage des élèves.

Développement Personnel :

Sur le plan personnel, apprendre de nouvelles compétences, comme la gestion du stress ou la méditation, améliore la qualité de vie et favorise un bien-être émotionnel durable.

Industrie Artistique :

Les artistes et créatifs adoptent de nouvelles techniques et mediums pour rester novateurs. Par exemple, un artiste numérique explorera constamment de nouvelles technologies graphiques.

Environnement Professionnel Dynamique :

Dans un environnement professionnel dynamique, apprendre de nouvelles méthodes de résolution de problèmes ou de gestion du temps peut améliorer l'efficacité opérationnelle.

Compétences Interpersonnelles :

Les professionnels des ressources humaines peuvent constamment développer leurs compétences interpersonnelles pour mieux gérer les relations au sein de l'entreprise.

Gestion de Projet :

Les chefs de projet tirent profit de l'adoption de nouvelles méthodologies de gestion de projet pour améliorer l'efficacité et la livraison de projets dans les délais.

Ces exemples illustrent comment l'apprentissage continu est essentiel dans divers secteurs, garantissant une évolution professionnelle constante et une adaptation aux changements du monde professionnel.

Astuces à Suivre : l'Importance de l'Apprentissage Continu

Établir un Plan d'Apprentissage Personnel :

Développez un plan détaillé indiquant les compétences que vous souhaitez acquérir. Identifiez les ressources telles que des cours en ligne, des livres, ou des ateliers pour vous aider dans ce processus.

Fixer des Objectifs Réalistes :

Évitez de vous surcharger en définissant des objectifs réalisables. Cela permet une progression graduelle, rendant l'apprentissage continu plus durable et moins stressant.

Utiliser des Plateformes d'Apprentissage en Ligne :

Explorez des plateformes pour accéder à une variété de cours et de programmes éducatifs, adaptés à différents styles d'apprentissage.

Participer à des Conférences et Séminaires :

Assistez à des conférences professionnelles et à des séminaires pour rester informé des dernières tendances et établir des connexions avec des professionnels partageant les mêmes idées.

S'Engager dans la Lecture Régulière :

La lecture constante de livres, articles, et blogs pertinents dans votre domaine d'activité élargit vos connaissances et stimule la pensée critique.

Pratiquer l'Apprentissage Actif :

Mettez en pratique ce que vous apprenez. Que ce soit à travers des projets, des simulations, ou des discussions, l'application active renforce la rétention des connaissances.

Échanger avec des Mentors ou des Experts :

Établissez des relations avec des mentors ou des experts dans votre domaine. Leurs conseils et retours d'expérience peuvent être inestimables pour orienter votre parcours d'apprentissage.

Rejoindre des Communautés en Ligne :

Participez à des forums, ou communautés en ligne où vous pouvez partager vos expériences d'apprentissage, poser des questions, et bénéficier des expériences des autres.

Garder une Mentalité Curieuse :

Cultivez une mentalité curieuse en posant des questions, en explorant de nouveaux sujets, et en restant ouvert aux changements et aux opportunités d'apprentissage.

Planifier des Révisions Régulières :

Révisez régulièrement les connaissances acquises pour les consolider. La révision périodique renforce la mémoire à long terme.

L'adoption de ces astuces favorise un engagement continu dans le processus d'apprentissage, transformant celui-ci en une habitude intégrée dans votre vie personnelle et professionnelle.

Outils Pratiques : l'Importance de l'Apprentissage Continu

Planificateur d'Objectifs :

Utilisez un planificateur dédié pour définir vos objectifs d'apprentissage à court et à long terme. Cela vous permet de suivre vos progrès et d'ajuster votre parcours au besoin.

Applications d'Apprentissage Mobiles :

Explorez des applications éducatives mobiles qui offrent des cours interactifs, des quiz, et des modules d'apprentissage pour une flexibilité optimale, adaptée à votre emploi du temps.

Portfolio d'Apprentissage :

Créez un portfolio numérique pour documenter vos réalisations, certificats, et projets d'apprentissage. Cela sert de référence visuelle de votre croissance professionnelle.

Systèmes de Gestion de l'Apprentissage (LMS) :

Si possible, utilisez des LMS au sein de votre entreprise ou des plateformes en ligne pour accéder à des ressources éducatives, suivre les progrès, et collaborer avec d'autres apprenants.

Carnet de Réflexion :

Tenez un carnet de réflexion où vous pouvez noter vos pensées, observations, et idées nouvellement acquises pendant votre processus d'apprentissage.

Groupes d'Étude Virtuels :

Formez ou rejoignez des groupes d'étude virtuels. Des outils de visioconférence facilitent les discussions, le partage de connaissances, et la création d'un environnement collaboratif.

Tests de Compétences :

Effectuez des tests de compétences réguliers pour évaluer votre compréhension et identifier les domaines nécessitant une attention particulière.

Mentorat en Ligne :

Participez à des programmes de mentorat en ligne où des experts peuvent vous guider dans votre parcours d'apprentissage, fournissant des conseils personnalisés.

Réseaux Sociaux Professionnels :

Utilisez des réseaux sociaux professionnels pour vous connecter avec des pairs et des experts, partagez vos progrès, et engagez des discussions pour un apprentissage collaboratif.

Tableau de Vision :

Créez un tableau de vision numérique représentant vos objectifs d'apprentissage. Cela crée une visualisation constante de votre destination, vous motivant à persévérer dans votre quête de croissance continue.

L'ensemble de ces outils pratiques crée un environnement propice à l'engagement actif dans l'apprentissage continu, optimisant ainsi votre capacité à assimiler de nouvelles compétences et connaissances.

Développement Professionnel et Personnel :

Le développement professionnel et personnel va au-delà de l'acquisition de compétences techniques. Explorez des stratégies pour nourrir votre croissance dans toutes les dimensions de votre vie.

Équilibre des Compétences : Cherchez un équilibre entre le développement de compétences techniques et de compétences douces telles que la communication et la gestion du temps.

Objectifs Alignés sur les Valeurs : Définissez des objectifs qui sont alignés sur vos valeurs fondamentales. Cela garantit que votre développement est significatif et aligné sur votre vision personnelle.

Réflexion Régulière : Pratiquez la réflexion régulière sur votre parcours de développement. Cela vous permet de rester conscient de vos progrès et d'apporter des ajustements au besoin.

Exemples Concrets de Développement Professionnel et Personnel :

Formation Certifiée :

Suivre une formation certifiée dans un domaine spécifique, que ce soit en gestion, en technologie, ou en développement personnel, peut considérablement améliorer vos compétences et votre employabilité.

Participation à des Conférences :

Assister à des conférences professionnelles vous expose à des idées novatrices, à des meilleures pratiques, et vous offre la possibilité de réseauter avec des professionnels de votre industrie.

Adhésion à des Associations Professionnelles :

Rejoindre des associations professionnelles pertinentes offre un accès à des ressources exclusives, des séminaires, et des occasions de networking, favorisant ainsi votre développement professionnel.

Coaching Professionnel :

Engager un coach professionnel pour des sessions individuelles peut offrir des conseils personnalisés, des stratégies de carrière, et des plans de développement adaptés à vos objectifs.

Programmes de Mentorat :

Participer à des programmes de mentorat, que ce soit en tant que mentoré ou mentor, crée une dynamique d'apprentissage mutuel, stimulant ainsi votre croissance personnelle et professionnelle.

Lecture de Livres Inspirants :

La lecture de livres de développement personnel et professionnel peut fournir des perspectives nouvelles, des conseils pratiques, et des modèles de réussite à émuler.

Cours en Ligne :

S'inscrire à des cours en ligne sur des plates-formes éducatives renommées permet d'explorer une gamme diversifiée de sujets, favorisant ainsi le développement continu des compétences.

Participation à des Projets Collaboratifs :

Contribuer à des projets collaboratifs, que ce soit au sein de votre organisation ou dans des initiatives externes, favorise le renforcement des compétences et la découverte de nouvelles perspectives.

Volontariat :

S'engager dans des activités de bénévolat pour des causes qui vous tiennent à cœur peut développer votre sens des responsabilités sociales, tout en vous permettant d'acquérir de nouvelles compétences.

Auto-Apprentissage Continu :

Cultiver une habitude d'auto-apprentissage quotidien, que ce soit par la lecture, la veille technologique, ou la recherche active, est une pratique puissante pour stimuler votre développement personnel et professionnel.

En intégrant ces exemples concrets dans votre routine, vous créerez un environnement propice à la croissance continue, tant sur le plan professionnel que personnel.

Astuces à Suivre : le Développement Professionnel et Personnel :

Établissez des Objectifs Clairs :

Définissez des objectifs spécifiques pour votre développement professionnel et personnel. Cela vous donne une direction claire et motive votre progression.

Créez un Plan d'Action :

Élaborez un plan détaillé pour atteindre vos objectifs. Divisez-le en étapes réalisables et fixez des échéances réalistes.

Faites Preuve de Consistance :

La croissance durable vient de la constance. Consacrez du temps régulier à votre développement, que ce soit en consommant du contenu éducatif, en pratiquant de nouvelles compétences, ou en élargissant votre réseau professionnel.

Recherchez des Opportunités de Mentorat :

Trouvez des mentors qui peuvent vous guider dans votre parcours professionnel et personnel. Leurs conseils et expériences peuvent accélérer votre croissance.

Participez à des Ateliers et Séminaires :

Les événements éducatifs offrent une excellente occasion d'apprendre auprès d'experts, de partager des idées avec des pairs, et d'explorer de nouvelles perspectives.

Cultivez un Réseau Professionnel :

Établissez et entretenez des relations professionnelles significatives. Un réseau solide peut ouvrir des portes, offrir des conseils précieux, et créer des opportunités de collaboration.

Acceptez le Feedback Constructif :

Soyez ouvert aux critiques constructives. Elles peuvent vous fournir des informations précieuses pour ajuster votre parcours de développement.

Investissez dans des Cours en Ligne :

Les cours en ligne offrent une flexibilité et une variété de sujets. Trouvez des plateformes éducatives fiables pour acquérir de nouvelles compétences à votre propre rythme.

Pratiquez la Gestion du Temps :

Organisez votre emploi du temps de manière efficace pour intégrer des activités de développement. Équilibrez travail, apprentissage, et loisirs.

Célébrez les Succès Intermédiaires :

Ne négligez pas les petites victoires. Célébrez chaque étape franchie dans votre parcours de développement pour maintenir une motivation positive.

En adoptant ces astuces, vous créerez un environnement propice à votre développement continu, que ce soit sur le plan professionnel ou personnel.

Outils Pratiques : le Développement Professionnel et Personnel :

Journal de Réflexion :

Tenez un journal où vous enregistrez vos objectifs, vos progrès, et vos réflexions. Cela vous aide à rester concentré et à ajuster votre parcours en fonction de vos expériences.

Planificateur d'Objectifs :

Utilisez un planificateur spécifique pour vos objectifs professionnels et personnels. Divisez-les en tâches quotidiennes, hebdomadaires et mensuelles pour une gestion plus efficace du temps.

Tableau de Vision :

Créez un tableau de vision visuel représentant vos objectifs. Placez des images, des citations inspirantes et des symboles qui représentent vos aspirations. Cela renforce votre engagement envers vos ambitions.

Portfolio en Ligne :

Créez un portfolio en ligne pour présenter vos réalisations professionnelles. Cela peut servir de référence lors de la recherche d'opportunités et de collaborations.

Outils de Gestion de Projet :

Utilisez des outils de gestion de projet pour organiser vos tâches, collaborer avec d'autres personnes et suivre vos progrès de manière transparente.

Tests de Compétences en Ligne :

Participez à des tests de compétences en ligne pour évaluer votre niveau de compétence dans divers domaines professionnels et identifier les domaines à améliorer.

Groupes de Soutien :

Rejoignez des groupes de soutien en ligne ou locaux liés à votre domaine d'activité. Ces communautés offrent des conseils, des encouragements et des opportunités de mentorat.

En incorporant ces outils pratiques dans votre routine, vous établirez un cadre solide pour favoriser votre développement professionnel et personnel de manière organisée et efficace.

En conclusion, le chapitre sur la croissance continue explore des stratégies pour cultiver un élan infini d'apprentissage dans toutes les dimensions de votre vie. Que ces concepts, enrichis d'exemples concrets, d'astuces éclairantes et d'outils pratiques, soient votre guide dans la poursuite d'une croissance constante. Que chaque nouvelle compétence acquise, chaque idée explorée et chaque étape franchie soit une étincelle dans le feu de votre développement continu, éclairant ainsi le chemin de votre voyage personnel et professionnel.

Émergence Épanouissante : Un Guide Pratique pour Votre Évolution Personnelle

Lorsque vous refermez ce livre, je vous invite à prendre un moment pour réfléchir au voyage que nous avons entrepris ensemble à travers les pages de "Émergence Épanouissante : Un Guide Pratique pour Votre Évolution Personnelle".

Nous avons exploré les recoins de la connaissance de soi, tracé des plans ambitieux avec la fixation d'objectifs, navigué à travers les vents changeants de la gestion du temps, et plongé dans les eaux profondes des relations humaines.

Ce périple a été plus qu'une simple lecture ; c'était une immersion dans les principes intemporels du développement personnel.

La Connaissance de Soi - Fondation de l'Émergence Personnelle :

Au commencement de notre voyage, nous avons découvert que la connaissance de soi est le socle sur lequel repose toute évolution personnelle.

Comprendre nos valeurs, nos forces et nos faiblesses a été le point de départ, la boussole qui oriente nos choix et guide nos actions. Ce chapitre a été un miroir réfléchissant, nous invitant à explorer notre essence intérieure et à forger une connexion plus profonde avec nous-mêmes.

Fixation d'Objectifs - Le Pouvoir de Créer Son Avenir :

Le deuxième chapitre a introduit le concept puissant de la fixation d'objectifs. Nous avons appris à transformer nos rêves en réalité en établissant des objectifs clairs et réalisables.

La visualisation, une compétence que nous avons affinée, s'est révélée être une alliée puissante dans la manifestation de nos aspirations. Ce chapitre nous a donné les outils nécessaires pour devenir les architectes conscients de notre avenir, créant avec intention chaque aspect de notre vie.

Motivation et Discipline - Les Fondations de la Persévérance :

La motivation et la discipline, explorées dans le troisième chapitre, ont été les forces motrices de notre voyage.

Nous avons compris que la motivation, lorsqu'elle est intrinsèque, est une source infinie d'énergie, tandis que la discipline nous garde sur la voie de la persévérance. Ces deux alliées ont été les gardiennes de notre élan, nous permettant de surmonter les obstacles avec grâce et détermination.

Gestion du Temps - Un Art à Maîtriser :

Au cœur de notre exploration pratique, la gestion du temps est devenue un art à maîtriser.

Le quatrième chapitre nous a enseigné des stratégies pour maximiser l'efficacité et éliminer la procrastination. Chaque instant a été présenté comme une opportunité d'investir dans notre développement, de prioriser avec sagesse et de créer un équilibre entre l'efficacité et la délibération.

Communication et Relations - Tisser des Liens Significatifs :

Les liens que nous tissons avec les autres ont pris le devant de la scène dans le cinquième chapitre.

Nous avons appris l'art délicat de la communication interpersonnelle et découvert comment construire des relations saines. Ce chapitre a mis en lumière l'importance de cultiver des connexions authentiques qui nourrissent notre croissance personnelle.

Gestion du Stress - La Quiétude au Cœur du Tourbillon :

Le sixième chapitre a été un sanctuaire de calme au milieu du tumulte quotidien.

Nous avons exploré des techniques de gestion du stress, apprenant à naviguer avec grâce dans les eaux agitées de nos vies trépidantes. La gestion du stress, soutenue par le bien-être émotionnel, a été révélée comme une bouée salvatrice dans les moments difficiles.

Prise de Décision - Un Acte de Conscience :

La prise de décision, mise en lumière dans le septième chapitre, est devenue un acte de conscience.

Nous avons développé des stratégies pour prendre des décisions efficaces, apprenant à naviguer avec clarté et confiance. Chaque choix, même ceux qui semblent être des erreurs, a été présenté comme une occasion d'apprentissage précieuse.

Adaptabilité et Résilience - Forces Face à l'Adversité :

Le huitième chapitre nous a montré que l'adaptabilité et la résilience sont les forces qui émergent face à l'adversité.

Nous avons appris à nous adapter au changement avec souplesse, transformant les défis en occasions d'évolution. La résilience, cette force intérieure, s'est révélée être une armure face aux difficultés.

Équilibre Vie Professionnelle-Vie Personnelle - Harmonie Intérieure :

Le neuvième chapitre a jeté la lumière sur l'équilibre entre vie professionnelle et vie personnelle.

Nous avons appris à jongler avec les deux sphères de notre existence, établissant des limites claires et honorant le besoin essentiel de repos et de récupération. Cet équilibre a été présenté comme une invitation à cultiver l'harmonie intérieure.

Croissance Continue - L'Élan Infini de l'Apprentissage :

Le dixième et dernier chapitre a célébré l'élan infini de l'apprentissage continu.

Nous avons plongé dans les océans de la connaissance, explorant l'importance d'apprendre constamment, tant sur le plan professionnel que personnel. Ce chapitre a été une invitation à embrasser chaque opportunité d'apprentissage comme une porte ouverte vers une croissance continue.

Récapitulation des Points Clés

Un Guide Pratique pour Votre Évolution Personnelle"

Au terme de notre périple à travers "Émergence Épanouissante : Un Guide Pratique pour Votre Évolution Personnelle", prenons un moment pour revisiter les points clés qui ont sculpté notre exploration du développement personnel.

Connaissance de Soi - La Boussole Intérieure :

La connaissance de soi est la fondation de toute évolution personnelle.

Explorer nos valeurs, forces et faiblesses nous offre une boussole intérieure.

La connaissance de soi guide nos choix et éclaire notre chemin vers l'épanouissement.

Fixation d'Objectifs - Créer Son Avenir Intentionnellement :

Transformer nos rêves en réalité commence par des objectifs clairs et réalisables.

La visualisation est une puissante alliée pour manifester nos aspirations.

En établissant des objectifs intentionnels, nous devenons les architectes conscients de notre avenir.

Motivation et Discipline - Les Forces Motrices :

La motivation intrinsèque est une source infinie d'énergie.

La discipline maintient notre élan sur la voie de la persévérance.

Ces forces motrices sont cruciales pour surmonter les obstacles avec grâce et détermination.

Gestion du Temps - Un Investissement Stratégique :

Chaque moment est une opportunité d'investir dans notre développement.

La gestion du temps élimine la procrastination et maximise l'efficacité.

Prioriser avec sagesse crée un équilibre entre l'efficacité et la délibération.

Communication et Relations - Construire des Liens Significatifs :

La communication interpersonnelle est l'art de tisser des connexions authentiques.

Construire des relations saines nourrit notre croissance personnelle.

Les liens significatifs enrichissent notre vie sur le plan professionnel et personnel.

Gestion du Stress - Trouver la Quiétude Intérieure :

Des techniques de gestion du stress offrent un sanctuaire de calme.

Le bien-être émotionnel est une bouée salvatrice dans les moments difficiles.

La gestion du stress nous guide avec grâce à travers les eaux agitées de la vie.

Prise de Décision - Acte de Conscience :

La prise de décision devient un acte de conscience avec des stratégies claires.

Chaque choix, même ceux considérés comme des erreurs, est une opportunité d'apprentissage.

Apprendre des erreurs est essentiel pour une croissance continue.

Adaptabilité et Résilience - Forces Face à l'Adversité :

S'adapter au changement avec souplesse est une clé pour émerger face à l'adversité.

La résilience, cette force intérieure, devient une armure face aux difficultés.

Chaque défi est une opportunité d'évolution et de renforcement.

Équilibre Vie Professionnelle-Vie Personnelle - Cultiver l'Harmonie :

Jongler avec les sphères professionnelle et personnelle nécessite des limites claires.

L'équilibre entre les deux offre une vie épanouissante et nourrissante.

Le repos et la récupération sont essentiels pour maintenir cette harmonie.

Croissance Continue - L'Élan Infini de l'Apprentissage :

L'apprentissage continu est une porte ouverte vers une croissance équilibrée.

Le développement professionnel et personnel va au-delà des compétences techniques.

Chaque opportunité d'apprentissage est une marche vers une vie enrichissante.

Émergence Épanouissante - Votre Aventure Continue :

Chaque chapitre de "Émergence Épanouissante" a été conçu pour être un guide pratique dans votre évolution personnelle.

Souvenez-vous que vous êtes le narrateur de votre histoire, l'architecte de votre avenir. Que ces enseignements soient des compagnons constants sur votre chemin, vous rappelant le pouvoir inné qui réside en vous.

L'émergence épanouissante est une aventure continue, une œuvre d'art en perpétuelle création. Bon voyage.

Encouragements Finaux

"Émergence Épanouissante : Un Guide Pratique pour Votre Évolution Personnelle"

En clôturant ce guide pratique, je souhaite vous adresser des encouragements finaux. Vous avez parcouru les pages de "Émergence Épanouissante", explorant les recoins de votre être, tracé des itinéraires vers vos aspirations, et découvert les clés pour une vie épanouissante. Que ces derniers mots soient une étincelle pour illuminer votre chemin continu.

1. Confiance en Votre Pouvoir Intérieur :

Vous êtes porteur d'un pouvoir intérieur infini. Chaque décision, chaque action est une manifestation de votre force intérieure. Ayez confiance en cette puissance qui réside en vous, car elle est la clé de votre émergence épanouissante.

2. Grâce dans l'Évolution :

L'évolution personnelle est un voyage dynamique. Cultivez la grâce dans chaque étape de ce parcours. Que vos succès soient célébrés avec humilité et vos défis accueillis avec la sagesse de l'apprentissage.

3. Compassion envers Soi-Même :

Dans votre quête de croissance, soyez doux avec vous-même. La compassion envers vos propres imperfections nourrit un terrain fertile pour l'épanouissement. Chaque moment est une opportunité de grandir.

4. Joie dans l'Exploration Continue :

L'exploration continue est le cœur de l'épanouissement. Que la joie accompagne chaque nouvelle découverte, chaque apprentissage. L'enthousiasme pour l'inconnu est le carburant de votre émergence constante.

5. Persistance dans les Moments de Défi :

Les défis sont inévitables, mais votre persistance est inébranlable. Dans les moments de doute, rappelez-vous que chaque défi surmonté renforce votre résilience. Votre persévérance est votre plus grande alliée.

6. Reconnaissance pour le Voyage :

Chaque instant de ce voyage mérite d'être reconnu. Prenez le temps de refléter sur le chemin parcouru, sur les leçons apprises. La reconnaissance amplifie la gratitude, un ingrédient essentiel pour une vie épanouissante.

7. Création Continue de Votre Réalité :

Vous êtes l'architecte de votre réalité. Chaque pensée, chaque choix contribue à la création continue de votre vie. Que chaque acte soit une œuvre d'art, une expression authentique de votre être.

8. Connexion avec Votre Essence :

N'oubliez jamais la puissance de la connexion avec votre essence profonde. Dans les moments de calme, trouvez refuge dans cette connexion. C'est là que résident la sagesse, la paix et la véritable épanouissante.

9. Partage de Votre Lumière :

Votre émergence épanouissante n'est pas seulement pour vous, mais aussi pour éclairer le chemin des autres. Partagez votre lumière avec le monde, inspirez ceux qui croisent votre chemin et créez un effet d'épanouissement collectif.

10.   Aventure Continue vers l'Émergence :

L'aventure de l'émergence épanouissante ne se termine jamais. Chaque lever de soleil offre une nouvelle opportunité de croissance. Que votre vie soit une aventure continue, une histoire captivante de votre épanouissement personnel.

Merci d'avoir entrepris ce voyage avec "Émergence Épanouissante". Que votre avenir soit teinté de couleurs vibrantes de joie, de succès et d'une épanouissante constante. Bonne continuation dans votre aventure vers l'émergence épanouissante.

Description de livre.

"*Émergence Épanouissante : Un Guide Pratique pour Votre Évolution Personnelle*"
est une invitation à explorer les profondeurs de votre être et à créer une vie
épanouissante. Avec la sagesse d'un écrivain expérimenté et la guidance d'un
coach mental, ce livre offre des insights inspirants sur des thèmes cruciaux du
développement personnel. Des chapitres sur la connaissance de soi à la
croissance continue, chaque page est un voyage vers la découverte de soi,
l'établissement d'objectifs clairs, la gestion du stress et bien plus encore. Les
conseils pratiques, les exemples concrets et les exercices engageants font de ce
guide un compagnon inestimable pour quiconque cherche à évoluer, à s'épanouir
et à construire une vie riche de sens et de succès. Plongez dans cette aventure
transformative et libérez le potentiel infini qui réside en vous."

www.ingramcontent.com/pod-product-compliance
Lightning Source LLC
Chambersburg PA
CBHW070945260726
48661CB00003B/1131